无边界商业模式

宋政隆◎著

中国商业出版社

图书在版编目（ＣＩＰ）数据

无边界商业模式 / 宋政隆著. -- 北京 ：中国商业出版社，2023. 7
ISBN 978-7-5208-2482-8

Ⅰ. ①无… Ⅱ. ①宋… Ⅲ. ①数字技术-应用-商业模式-研究 Ⅳ. ①F71-39

中国国家版本馆CIP数据核字(2023)第084832号

责任编辑：包晓嫱
（策划编辑：佟彤）

中国商业出版社出版发行
（www.zgsycb.com 100053 北京广安门内报国寺 1 号）
总编室：010-63180647　编辑室：010-83118925
发行部：010-83120835/8286
新华书店经销
香河县宏润印刷有限公司印刷
*
710 毫米 × 1000 毫米　16 开　13 印张　150 千字
2023 年 7 月第 1 版　2023 年 7 月第 1 次印刷
定价：68.00 元
* * * *

前言

随着全球AI、自动化、区块链、5G、云计算等技术的发展，无边界企业逐渐兴起。无边界企业是一种现代企业组织形式，是信息化时代的产物。由于边界的扩张，企业不再以传统上的物质资源能力确定自己的边界，而是以核心能力来体现其价值和边界。

无边界企业最基本的特征就是面向未来，着眼外部。它并不是依靠历史和内部信息来开展创新或推动决策，而是通过结合基于海量数据的预测性和前瞻性的分析以及新式的集体智慧来做到的。

从现有的商业模式来看，会发现商业模式一种是有边界的，一种是无边界的。有边界的商业模式，其目的在于赢利。无边界的商业模式，目的是让这种游戏永远进行下去。

有边界的模式在边界内玩，虽然也有很多方参与，但这是存量之间进行的博弈，而且利益向某一个中心或少数的中心汇聚。采用这种模式随着时间的推移，流动性明显不足，因为大多数人的消费能力不能支撑这种模式持续发展。

无边界的商业模式玩的是边界，可以无限地进行拓展，因创造的价值不属于某一个中心，没有产生利润的集中，这些共同创造的价值属于参与的每一个人，自然让各参与者能获得更多的财富，从而提高参与者的消费能力，让流通的速度更快，创造更大的价值。

无边界企业发展是企业发展的新篇章，也是数字化转型的下一个阶段主题。新兴的极致数字商业模式，也就是无边界商业模式正在渐渐成为未来的主导商业模式。未来的全球化数字经济，数字化与AI的能力被无限扩大，摆脱了地理和物理限制的极致数字商业模式如今正在占据主导地位，无边界企业形态将成为未来企业的主流形态。

目 录

第三章　突破式创新：无边界商业九大模式

第四章　冲破旧藩篱：无边界组织的典型特征

第五章　打造未来型企业：掌握无边界企业的底层逻辑

第一章

无边界商业管理构思逻辑：企业转型必须升维思考

1. 企业家要注意突破认知局限

研究中国企业的发展史，多数企业自始至终都在商业模式上寻求突破，却鲜有在创新方面获得成功。为什么呢？中国人明明很聪明、很勤劳，但是创新却非常少。因为在“家、国、天下”文化背景中，中国人的商业理念大都以计划思维为基础，似乎“管理”可以覆盖到任何领域。

实际上，家、国、天下是不同的。“天下”是一个生态，是不需要谁负责任的，它不能依靠某个人计划去掌控全部；而“家”是需要成员负责的，是一定要有计划性的。回到企业发展上来，企业家的认知不能困于一隅，要构建一个企业的生态，一定要想清楚什么是生态思维，企业要扩展认知域，必须升维思考。

在交互的世界里，需要怎样做分享协作？一个企业的引领者，需要做哪些改变，才能实现基于交互的世界中的规模扩张，而不只是基于独创性技术的颠覆。

从组织形式上来看，传统企业和互联网企业是有很大区别的。传统企业一定是有组织、有纪律的，而互联网企业的发展则是无边界的。所以企业家们所面临的根本问题不是金融问题，而是如何在交互的世界里做好思维升级，扩展认知域。

在无边界商业时代，企业规模化经营的方式应当是通过构建生态模式来扩展边界，而不再是传统的技术颠覆和产能扩张。而作为企业的引领者，企业家是否拥有生态思维是企业边界扩展的关键。

在商业领域，有这样一种说法：企业年营业额达到1000万，是验证商业想法的可行性；达到5000万，是验证商业模式的成功；达到1个亿，是验证企业家的格局；达到1个亿以上，是验证企业家对人性的洞察力。所以说，对商业的认知是民营企业家做好企业的重要因素，企业处在哪种阶段，相应地说明了企业家对商业的认知处在什么阶段。

当企业家的认知困于一隅，那么他对企业的决策、展望，也就会非常受限。事实上，企业家的认识决定了企业的未来，尤其是在无边界商业模式下，如果不拓展认知域，不做升维思考，企业就会和这类企业家的思维一样，困于一隅。

企业家的认知决定着企业的兴衰，商业竞争从某种程度上来说就是企业家认知的竞争。企业家认知直接影响企业竞争优势构建，是构建企业竞争优势的重要因素。然而，无法回避的现实是企业家都在一定程度上存在着认知局限，甚至成为企业发展最大的绊脚石。在VUCA（V代表易变性，U代表不确定性，C代表复杂性，A代表模糊性）时代，企业家突破自身认知的局限，跟上时代的步伐，是一个十分重要且现实的挑战。

认知信息、认知模式、认知输出，是形成最终认知的三个重要环节。任何一个环节的局限都有可能导致最终企业家认知的局限。

拥有认知信息是企业家认知形成的前提。认知信息的局限将限制企业家认知的宽度，拥有充分、有效、真实可靠的信息，是企业家正确认知的保障。认知模式决定了企业家认知的高度，是企业家认知的核心。认知模式从根本上决定了认知的结果，但大多数企业家在对认知信息进行处理时，往往会受到已有成功经验的限制，习惯在原有经验范式上进行思考、处理，形成路径依赖，无法达到新的认知高度。认知输出是企业家认知的最终体现，决定了认知的深度。无论是认知不输出、认知输出不完全，还是认知输出不反馈等认知输出局限都将严重阻碍企业家认知的执行和落地，也会阻碍获取新认知信息、更新认知模式与做出新认知输出。

身处信息爆炸时代，企业家面临信息过载和信息缺乏的两难处境，受有限理性的约束，在一定时间内所关注的信息是有限的。信息过载不仅会使企业家难以甄别，还可能影响企业家独立思考的能力，导致对信息判断不足，出现认知局限。

信息不足则表现为数量不够、质量不高和时间滞后。企业家往往会忽略掉一些关键信息，尤其是企业经营取得成功之后，企业家往往会关注一些有利的信息，而忽视一些不利信息。而信息泛滥、真假难辨影响企业家对高质量信息的获得，“到处是水但没有一滴水可以喝”，信息质量参差不齐导致企业家有效认知信息的匮乏。同时，尽管互联网时代，信息传递不受到地理距离的限制，近乎实时传递，但由于大多数行业发展一日千里、变化极快，留给企业家思考和调整的时间窗口越来越小，企业家获取的信息往往存在时间上的滞后性。

企业家认知模式存在缺陷是造成企业家认知局限的最重要原因。三个比较常见的认知模式局限是认知模式机械、认知模式凝滞和认知模式短视。

任何经验、理论都有局限性，尤其是管理科学兼有科学性和商业实践性。如果企业家固守管理理论，照搬照抄经典理论或成功经验，则会陷入机械的认知模式的局限困境之中。对于经典理论和成功经验，企业家应持有学习借鉴的态度，秉持开放的心态，从中受到启发，再结合自己企业的实际情况，对症下药，才能取得成功。

企业家的认知模式也往往由模糊逐步到明确，进而走向固化，尤其是在取得较大的成功之后更易造成认知固化和凝滞。在认知模式凝滞的影响下，企业家会产生知识和经验的路径依赖，并以这种认知模式感知和解释环境信息，陷入"成功陷阱"之中。

企业家认知模式作为高度情景化实践的成果，很难存在放之四海而皆准、长期有效的模板，一定要适时反思、更新认知模式。正如《第五项修炼》作者彼得·圣吉所说："每一个组织面临的关键挑战，就是人们的心智模式变得僵化。这种僵化对企业来说非常危险，甚至导致许多企业破产。"

一些企业管理者本质上还是投机主义、赌徒心态，热衷挣快钱、捞浮财，无定力，没耐心，等不及；没有长期打算和规划，不愿意做长期、深入的经营活动。长此以往，形成了短视的认知模式，企业家过度追求短期利益，忽视长期目标和价值，这就成为制约企业持续健康发展的重大障碍。

当企业家因为上述原因出现认知输出局限的时候，就会出现执行力差、盲目自信、执行无反馈等情况。

总之，企业家认知对企业的发展至关重要，决定着企业的生死存亡。面对新挑战，除非企业家在认知方面做出改变，否则即使具备相关资源和能力，企业也不会对环境做出反应。企业家的认知水平取决于认知信息、认知模式和认知输出。认知信息的过载或不足，认知模式的机械、凝滞和短视，认知输出的不执行、不到位或无反馈，都会造成企业家认知的局限。

2. 转型必须研究了解认知域

从传统意义角度讲，“认知域”是科学哲学术语，泛指人的意识、思维、认知等各种认识活动，无形无象。随着科学技术的进步，认知域对于人们已难以割舍，虽然看不到、摸不着，但也舍不掉、挥不去，看似无形，实则存在。

在物理空间和网络空间之后，人类如今迎来了一个新的生存空间——“认知空间”，这是我们工作生活的“第三类生存空间”。21 世纪的前二十年，在互联网技术的强劲推动下，人类形成了“第二类生存空间”——网络空间，一个由载体、信息、用户、交互与应用构成的复杂系统世界。在这个空间中，人类创造了互联网文明，实现了数字化生存，衍生出新业态、新模式等，实现了科学技术的大跨越。

未来二十年，人类有望开启另一个生存空间——人类的“第三类生存空间”，就是思维世界、认知空间，也就是认知域。作为生存空间而出现的认知域已经不是科学哲学意义上的认知域，而是一个以“虚实融合、以实映虚、虚为实生”为特征的虚实交互空间，是主观世界和客观世界相互交融的新空间。在这个新空间中，人类通过新的媒介，依托新的工具，进行思想交流、创造知识、涌现智慧，甚至可以跨越时空限制，构建一个人和机器高度融合的超智能社会。

在网络空间中人们可以使“所见即所得”，在认知空间里人们可以使“所思即所得”。认知空间将大大突破人类能力和视域的界限，人工智能作为大脑，机器人作为肌肉和劳动力，大数据作为能源，物联网作为神经，各种信息突破虚拟世界和真实世界的壁垒，最终为全人类提供精准有效的服务。

跨域交链是认知域的核心特征。如同人的思维不是孤立存在的一样，认知域也不是孤立存在的，认知域是一个跨域交链而形成的新系统。认知域的核心特征是物理域、信息域、认知域三域交织，跨域交链。

“物理—信息—认知”相互交织、相互交链，通俗地讲，就是“人、机、物”或者是“人、网、物”三元融合，主要表现出四个特点。一是相对独立性。每个领域各有特点，自成体系，严格地讲，这是三个具有相互映射关系的平行世界。二是广泛联通性。物理域和信息域通过信息物理系统实现了连接，信息域和认知域通过信息认知系统实现连接。这三域之间还可以通过信息社会系统实现更大范围的连接，形成大的闭环系统。三是多向传递性。物理域的事件可能会引发信息域或者认知域的事件，比如发生大的自然灾害有可能会造成网络通信故障甚至形成局部网络瘫痪，进而引起人们的认知恐慌等。再比如，信息域的一些问题也会传导到物理域、认知域。四是风险叠加性。三域交织更容易触发“蝴蝶效应”，往往在现实世界、物理空间中出现的一个小问题，经过网络空间这个“放大器”“倍增器”，就形成了认知域的大动荡，最后造成全域震荡甚至是整个社会系统产生灾难。“物理—信息—认知”交织程度越深，风险爆发的烈度就越大。

对于企业家而言，认知博弈的目的之一是通过有效获取和传递信息，转变命题在个人或群体认知空间中未知域、怀疑域和信念域的分布，从而形成公共信念，用新范式实现新跨越。也就是说，如果要在认知域技术创新中抢占先机，就必须推进范式变革，利用新范式实现新跨越，走出一条独创独有的新路。

企业转型必须拓展认知域，认知域工程技术范式变革的思维视角是“物理—信息—认知”三域交织。传统的手工化范式、自动化范式、智能化范式已难以解决认知域的新课题，欲破解认知域技术面临的“三大难题”，就需要提出新理论，开辟新领域，探索新路径。

3. 企业家必须升维思考

企业家思维转型首先要升维。企业转型的本质就是升维，企业家也必须升维思考，如此才能做到降维打击。

企业家升维思考有八项法则。

1. 找到位阶

企业家要从国家战略的维度和用户工作、生活场景的维度思考问题。只有站在更高的维度，才能用真正的人才。诸葛亮是中国历史上的一个智慧化身，是屈指可数的聪慧之人，但他为刘备和刘备的儿子刘禅鞠躬尽瘁、死而后已。而能让诸葛亮心甘情愿辅佐的君主就是刘备，刘备有用人的智慧，而不是事必躬亲，不是要自己乃至自己的子孙都必须具备经世之才，这就是升维思考的力量在发挥作用。

2. 从具体事务中跳出来

如果能够找到特别能干的人，企业家亲自操刀最好少一些。企业家要思考的是方向，要抬头看路，而不是低头拉车。危急时刻，企业家当然有必要冲在一线，但在日常工作管理中，企业家要做的是掌舵而不是划船。

3. 注意用人为自己服务

找到有识之士，鼓励他每天绞尽脑汁地为企业出谋划策。如果他的建议恰当，企业家便要多多鼓掌，踏实落实。每个成功的历史人物身边都有几个好的谋士，刘邦身边有张良，曹操身边有郭嘉，刘备身边有诸葛亮、庞统。很多时候，企业家也很难把所有的道路都看得很清楚，参谋的人能帮忙出计策。谋士越多，力量越大，智慧越多，企业家只需要做好决策。

4. 企业家要做其他人无法做、做不到、没资格做的事情

企业家要把他人的势能变成自己的势能，把他人的能力变成企业的能力。企业家要定战略、搭班子、带队伍，找人才、给人才赋能、给人才提供平台，要能识别人、使用人、奖赏人，把人才用对地方，带领队伍向前进。

5. 企业家最重要的不是做事，而是打造一个企业，让人在这个企业中升华

经营企业最重要的是把一个个普通人带到这个企业中来，迅速提升每个人的能量层级，使得其能力水平、业绩水平能够在短时间内得以快速提升。

6. 锤炼系统思考力

所有问题都由其背后的系统动力所决定，所以要解决问题，必须透视其背后的系统动力结构。锤炼系统思考力才是解决问题的终极法宝。

7. 实事虚做、虚事实做；求势经营，顺势而为

企业发展到了一定规模，务虚就变得非常重要。务实要的是个体效

能，务虚才能最大化整体效能；务实是执行，务虚是整合。当大家都务实的时候，各条线、各环节产生协同效果是企业取得良好整体效能的关键。这恰恰需要跳出实际工作，从更高的维度做整体规划。

8. 听取真实的声音

真实的声音是企业家的福音，要找到真实的声音，找到每个人言语的动机与所表达内容的关键。对问题宁可高估，也不要低估。

4. 站位往往比努力重要

在人生中，站位往往比努力更重要。企业家要抬头看路，而不能只低头拉车。选择比努力更重要，如果选错方向，越努力，离梦想就越远。在选择过程中，需要记住，在任何一个行业，都有头部效应，第一名永远都是非常容易被别人记住的，而第二名被记起来的可能就小很多，更不用说第三名及后面的了。

所以，企业家要去追求第一名，即处于行业头部，因为头部效应最高。

在一个行业里，头部品牌吸引的注意力大概占注意力总和的40%，第二名的是20%，第三名的是7%~10%，其他所有人共分其余的30%。处于头部会带来很多的关注和个人品牌影响力，这些都会带来产品的溢价，给企业带来更高的收益。

头部加速度更大。一旦成为某个行业的头部成员，在行业里就开始产生正反馈——微小的优势会带来更多名声，名声给企业带来更多机会、更高收益。这又能让企业投入更多资源，继续扩大优势，最后的结果就是头部的人获得最高的增长率。能力提升需要三个要素：好的方法论、刻意练习、大量的实战机会。而头部企业会同时拥有这三个机会。

对于企业家个人而言，亦是如此。

举个例子，世界第一高峰是珠穆朗玛峰，这是妇孺皆知的，而第二高峰乔戈里峰高 8611 米，仅比珠穆朗玛峰低了 237 米，却很少有人知道。

第一个登月的人是阿姆斯特朗，这很多人知道，第二位登上月球的人巴兹·奥尔得林，相比阿姆斯特朗登月只晚了几分钟，但很少有人知道。

这体现的就是头部效应。头部是所在赛道中有最高价值、最有优势的位置。头部是第一个能够抢占最高价值、最优势的位置的。

在商业领域，头部效应无处不在：区块链火了，于是资本争相涌入；投资时，投资人首先考虑的就是风口，欲成为行业“独角兽”。

当年有林林总总的视频网站，现在就只剩下优酷土豆、腾讯、爱奇艺等几家还富有活力；而三千多家团购网站中只有大众点评和美团更有名；多家网约车公司也只留下几家。

在无边界时代，各个行业的头部相互学习和交流，头部发展的加速度越来越大。高收益和高加速两者相互强化，会迸发出巨大的能量。于是就有了“头部矩阵”，也就是各个行业头部企业的一个联合体。他们站在头部赛道上，享受的资源和机会也是最前沿的。

为什么说站位往往比努力更重要，从头部效应即可看出端倪。

那么，不仅要站在本行业的头部，而且更要选对行业。举个例子，一个出色的程序员，年收入没有百万元，也得有几十万元，不然在这个行业就算不上出色。然而一个快递员，月入过万元就能上新闻了。或者两个能力相当的年轻人，一个毕业后去了互联网企业，另一个去做快递员，都很努力，若干年后都成了业内的佼佼者，但两人最终的收入、能力，大概率不在一个级别上。

选择只有遵守头部效应的三原则，才能避免陷入误区。

首先，站位要从价值出发，而并非从自己的优势出发；不要因为容易而去做一件事，而要因为有价值才做。高手会暂时放下自己的优势，思考并先做高价值的事。

其次，思考差异化优势，永远不要在热门领域随大溜，应静下心来思考和判断，做有价值而且自己擅长的事。可以挑选一个有差异的细分领域，然后从一个小头部成员做起，做到大头部，即先做“鸡头”，再挤入大头部中去。如果别人的早餐店里米粉大卖，就不要再去凑热闹跟着卖米粉了，可以利用优势开个口味绝佳的包子铺或其他店。

最后，从自己所在的头部做起，从“鸡头”变成“凤头”。企业家一开始一定不要好高骛远，从自己所在的头部开始，踏踏实实做好一个团队的头，一个公司的老板。从现在开始，从所在之地开始，成为这里的“头部”成员。

5. 用无边界思维化解难题

边界思维，即思维在某个边界范围内。这里说的边界的内涵和外延相当丰富，可以是时间边界、空间边界，也可以是行业边界、技术边界，还可以是产品边界、服务边界，包括所有能想到的与“边界”，以及“范围”“领域”等相关的词。若要创新商业模式，打开层层市场空间，突破边界思维的无边界思维非常重要。

举一个例子，有一个地处我国西部省份的三线老国企，从事的是传统设备制造，处于大众市场，市场空间百亿元左右，所在城市属于人才“洼地”，大部分的当地人到南方去打工了，所以该企业大多数中层员工都没有本科文凭。就是这样一个企业，在 2001 年到 2013 年的 13 年间，营业收入从 3.1 亿元增长到 63 亿元，增长 20 倍，利润从 2000 万元增长到 9.2 亿元，增长 45 倍之多。这家企业就是陕鼓动力。陕鼓动力是一家设备制造厂，1968 年建厂伊始一直从事的是鼓风机、透平机械等设备的制造，直到 2001 年新任董事长上任，才从单体设备制造转型为设备成套、工程成套制造，接着跨界到供应链金融服务领域；服务内容也从在线设备故障检测到设备预防维护检修，再到备品备件服务、设备全托管运营，最后到设备运行大数据和云平台服务。同时还从气体分离设备提供商转型到气体提供运营商。新任董事长凭借无边界思维，带领陕鼓动力一路无边界行走，造就了陕鼓动力的成功。2016 年 12 月 11 日，陕鼓动力获得我国工业领域最高奖项“中国工业大奖”，该奖项被誉为“工业界的奥斯卡”，一年评选一次。正是因为突破了思维边界，凭借无边界思维，陕鼓动力才有了长足的发展。

“只要勇于打开一扇窗，就会有巨大的机会。”不论遇到什么商业难题，只要试着用无边界思维去探索，总会有些收获，继而解决。

如果做环保设备，那么无边界思维可以是设备 + 服务 + 金融 + 备件 + 托管 + 运营 + 互联网 +……

如果做工业污水治理工程项目，那么可以涉入不同的业务领域，污水治理工程 + 服务 + 运营 + 在线监测 + 物联网经营 + 排污权管理 + 排污权交易 +……

如果做土壤修复，那么土壤修复 + 主题公园 + 旅游 + 房地产 + 休闲养老 +……许多领域都可以做。

那么如果就行业而言，比如环保行业，环保 + 工业 + 清洁生产 + 生态设计 + 绿色物流 + 金融 +……就是环保行业业务的无边界思维创新。

如果是在互联网行业，那么互联网 + 出行 + 旅游，可以打造出类似携程、途牛等的企业；互联网 + 私家车，可以打造出网约车的企业。还有互联网 + 金融 + 养老 + 零售 +……

无边界思维不是盲目地扩张和突破，思维的原点是用户，只有紧紧围绕用户需求的无边界思维才可以真正帮助企业走出困境。

6. 联机学习，用答案交换答案

联机学习，简单解释就是“用答案交换答案”。它主要是针对单机学习，也就是“学习—思考”模式提出的。过去，大多数人的学习方式就是单机学习。就像传统的课堂授课方式：老师讲，学生听。然而，在知识爆炸的今天，这种单机学习的速度已跟不上知识更新的速度了。而联机学习则能大大提升学习知识的速度。

提到联机学习，大家可能首先联想到的就是联机游戏。玩过游戏的朋友都知道，一个人玩游戏，即使花一整天的时间，也不如几个小伙伴一起，玩上几个小时技术提升得快。因为，几个人一起联机游戏，可以相互比赛，相互协作。谁有哪些优势，谁有哪些缺点，大家都能很快了解清楚，同时自己也能学习借鉴，能绕开不少坑。

联机学习的具体方法是：先打磨第一个知识模块；抛出去，换回别人的知识模块；重复前两步，积累足够多的知识模块；整合出自己的体系，实现知识跃迁。

联机学习有点类似头脑风暴，只是联机学习更有系统，目标更明确。也可以说联机学习是通过多次的头脑风暴，和伙伴们共同探讨、交换意见，从而完善自己的知识体系，形成自己的知识晶体。就像李小龙通过整合传统中国武术和西方哲学心理学，发展出自己的一套独特武术打法——截拳道。

联机学习的优势首先是学习速度快。因为联机学习是将自己的知识分享出去，并换取对方的知识。这样大家都得到了两份知识，这样知识的传播速度就是指数级的，比独自一个人学习—思考快许多倍。其次是能提升竞争力。在一个维度上，我们要做到名列前茅很难，但是如果再增加一个或多个方面的维度，我们的优势就迅速扩大了。比如懂心理学的销售员、懂美术的设计师等。

那么，企业家如何联机学习呢？

首先要有个人品牌，如果没有个人品牌，就树立企业品牌。即便暂时还没有形成自己的品牌效应，也要尽快展示自己或者自己企业的优势或特长。联机学习最大的优势就是“人多势众”。可以想象一下，几千人的团体，倘若每个人都能建立个人品牌，就会涵盖各行各业的大部分领域。如果遇到了自己不懂的领域的问题，也能很快想到：噢，某某不就是这方面的专家吗，找他了解一下，或者是翻一翻他的公众号，这问题不就解决啦。个人是如此，推广到企业呢？如果有这样的联机学习型组织，那所有的问题是不是都可以在这种组织内解决呢？

学习的思路有三种，第一种是自学：自己找答案。自学是一种“学习—思考”的单机学习模式，是一种传统的学习模式，更适合学习系统化的知识，但不适合学习最新的、还未有人整理过的知识。

第二种是联机学习：和同行交流，用答案交换答案。联机学习时可以拿自己手上的知识模块去交换别人的知识模块，这样能够很快积累出足够多的知识模块。

第三种是跨界联机学习：跨行学习交流，用答案交换答案。历史上的三次知识大爆炸——百家争鸣、古希腊文明、文艺复兴——都是多元知识跨界、互联的结果。

“联机”本身也是计算机用语，一般指两台或两台以上的计算机互通信息，也泛指所有具有通信及处理信息能力的设备之间的相互通信工作。“联机学习”把“联机”和“学习”关联起来，把人脑类比计算机，这种多人之间的信息交互确实是一种更高效地获取知识的方式。联机学习能够通过将一份的知识不断交换，获取到N多份的知识，让知识的增长速度加倍。

7. 思维升级，真正自我超越

这个时代的成功者都有这样的特点：阶段性的非线性成长、跃迁式的上升。他们凭借的关键点是既懂得如何驱动自己持续地努力和积累，也懂得借助社会和科技趋势放大自己努力的收益。

那么，企业家在扩展认知域、做升维思考的过程中要思维升级，要真正自我超越，就要做好以下五个关键内容。

第一，善用内部动机。心理学中将人的动机分为两种：内部动机和外部动机。如果按照内部动机去行动，我们就是自己的主人。如果驱使我们的是外部动机，我们就会为外部因素所左右，成为它的奴隶。

心理学中有个经典的故事。

一群孩子在一位老人家门前嬉闹，叫声连天。几天过去，老人难以忍受。

于是，他出来给了每个孩子 25 美分，对他们说："你们让这儿变得很热闹，我觉得自己年轻了不少，这点钱表示谢意。"孩子们很高兴，第二天仍然来了，一如既往地嬉闹。老人再次出来，给了每个孩子 15 美分。他解释说，自己没有收入，只能少给一些。15 美分也还可以吧，孩子们兴高采烈地走了。

第三天，老人只给了每个孩子 5 美分。孩子们勃然大怒："一天才 5 美分，知不知道我们多辛苦！"他们向老人发誓，他们再也不会为他玩了。

在这个故事中，本来孩子们嬉闹是受他们内部动机驱动，他们享受着当自己主人的乐趣，后面老人通过奖励将其取代变成了外部动机。于是孩子们就变成了受外部动机驱动，从而使老人重归宁静。

很多成功者是内部动机所驱动而成功的，他们都有很明确的人生信念和使命。例如"创新之父"乔布斯的人生信条是"活着就是为了改变世界"，这也透露了他的人生使命；Facebook 创始人扎克伯格的人生使命是"让世界更加开放，更加紧密相连"……

人生使命折射出在世上存在的意义。它决定一个人能走多远，也是面临困难还能继续前行的关键内部动机。

第二，刻意练习。中国有句老话：吃得苦中苦，方为人上人。成功背后艰辛的刻意练习才是成功之法。比如莫扎特，他之所以成为大师，是因为他从 4 岁就被父亲指导练习小提琴、大提琴和更多其他的乐器。

那么，刻意练习最关键的是什么呢？

刻意练习的第一个关键是心态。新东方的创始人俞敏洪曾提出“慢”和“投资”两个概念。慢下来才能看清方向，才能观察得出这个时代某些领域价值在哪里，企业家和企业的价值在哪里，思考出自己的独特优势在哪里，从而有望拥有超前的头部战略。而“投资”的心态让企业家可以随时反思自己所做的每件事是否有价值，是否符合自己的目标，也能给自己及时的反馈，不断修正自己的战略决策。

刻意练习的第二个关键是二八法则。我们要将 80% 的精力投入到 20% 的关键事件上，这样才能高效。

第三，学习底层知识。底层知识无疑是 20% 关键事件中的 20%。比如心理学和教育学知识，这些知识是有关个人内在的底层知识，将促进自我整合，从而实现内在的丰盛。其次是社会学和经济学知识。它们是关于社会运作的底层知识，学习它们使我们有可能促发社会效应，从而实现外在的成功。事实上，各种底层知识都是有价值的，文学能让我们更理解社会心态和个人人格；哲学可以让我们了解更深厚的人性运作原理；历史可以让我们看到各种思维方式产生的渊源与各观念的发展过程；而宗教则可以让我们了解人的信仰，这样才能发自内心地去尊重每一个人。科学、经济学、社会学能让我们认识这个社会的本来规律。在底层知识构建的基础上，再去学习专业知识，通过底层知识推敲专业知识，学习速度就会加快。这样的方法也同样适用于跨领域学习。

第四，联机学习。联机学习的效率更高，联机学习能找到和自己同频的人共同成长，能找到优秀的企业共同发展、同频共振，就容易实现滚雪球式成长。而从心理学角度看，联机学习的网络就是人际沟通中高效的全通道式和轮式网络的共同体，它具有信息传递速度快、群体成员自由、合作气氛浓厚、满意度较高等优势，也能带来复利效应。

第五，复利效应。复利的本质就是做事情 A 会导致结果 B，而结果 B 又会加强 A，不断循环。所以，这是一个良性循环，价值在无限放大，这时人的思维就实现了升级。

第二章

颠覆式变革：如今的商业需要无边界经营

1. 从1.0到3.0，互联网不断升级

从 Web 1.0 到 Web 3.0，是互联网演进的历史。Web 3.0 意味着互联网发展进入新阶段，互联网发展已提升到全新的水平上来。计算机科学家和互联网专家认为，Web 3.0 会让互联网智能化发展，让我们的生活更轻松。

互联网是伴随着我们的需求和使用的变化而不断演进发展的。在社交网络和在线视频出现之前，互联网就已经存在了。Web 1.0 甚至在 20 世纪 90 年代谷歌出现之前就已经存在了。当时的互联网是由 Alta Vista 和网景公司主导的。

Alta Vista 搜索引擎创立于 1995 年，2013 年被雅虎关闭。网景公司成立于 1994 年，旗下的网景浏览器曾全球闻名，但在 2003 年被美国在线解散。当时，这些互联网只为实体公司提供广告服务。其网页是“只读的”，用户只能搜索、浏览信息。

当时大多数电子商务网站从性质上讲都是 Web 1.0 版的，因为其背后的理念非常简单：面向消费者展示产品，从感兴趣的消费者那里收钱。这些网站往往反应迅速，体验顺畅，但用户的互动程度很低。

在 Web 1.0 之后，互联网的第二次迭代产生了 Web 2.0，也就是“可读

写”网络。到了2.0时代，用户使用不仅仅局限于浏览，他们还可以自己创建内容并上传到网页上。

“Web 2.0”这个概念最早是在2003年，由O’Reilly传媒副总裁戴尔·多尔蒂Dale Dougherty提出。之后，Web 2.0浪潮席卷全球。不到10年，Web 2.0就彻底重新定义了市场营销和商务运营。

如今，自媒体的“大V”可以通过一张照片赞扬或贬低一个品牌。餐饮点评网站上的用户可以通过一条差评就抹黑一家餐厅，甚至点评如今已对用户的购买决策起到至关重要的作用。形形色色的社交网站和点评网站是Web 2.0的标志。

根据一项调研，90%的消费者在线购买之前会在线阅读点评，88%的用户会像信任个人推荐一样信任网络点评。

Web 2.0研发的初衷就在于让互联网运行更加贴近民主，使用户更好地互动。

Web 3.0意味着网站从用户的购买习惯分析，推断用户有可能倾向于哪些产品，并把用户可能喜欢的商品推荐给他。简而言之，网站自身有了自主学习能力，变得更加智能化。

总而言之，Web 1.0是由内容驱动的，内容来自商业机构，服务于消费者；Web 2.0允许用户自主上传内容，分享内容；Web 3.0使得在线应用和网站可以接收到已经在网络上的信息，并将新的信息和数据反馈给用户。Web 3.0可以反馈给我们一些我们之前并不知晓的内容。Web 3.0在学习，在理解你是谁，并试图给你一些反馈。

Web 3.0 的四个属性是：语义网络、人工智能、三维世界、无处不在。

Web 3.0 的第一个关键元素是“语义网络”，“语义网络”由“万维网之父”蒂姆·伯纳斯－李 Tim Berners-Lee 创造，用于表述可以由机器处理的数据网络。

Tim Berners-Lee 最初是这样表达他对语义网络的看法的：“我有一个梦想，网络中的所有计算机能够分析网络中的数据，包括内容、链接、人与计算机之间的往来。语义网络会让这一切成为可能，一旦该网络出现，日常的交易机制、事务以及我们的日常生活都会由机器与机器之间的沟通来处理。人们吹嘘多年的‘智能代理’将最终实现。”

语义网络和人工智能是 Web 3.0 的两大基石。语义网络有助于计算机学习数据的含义，从而演变为人工智能，分析处理信息和数据。其核心理念是创建一个知识蛛网，帮助互联网理解单词的含义，从而通过搜索和分析来创建、共享和连接内容。

由于语义元数据，Web 3.0 有助于增强数据之间的连接。因此，用户体验会升级到更高层次，所有可用信息将更好地连接起来，最终更有效地被利用。

Web 3.0 的第二个关键元素是“人工智能”。目前，随着区块链技术的发展，人工智能已经成为最热门和最具创新力的技术。根据维基百科的说法，“在计算机科学领域，人工智能有时被称为机器智能，是机器所表现出的智能，与人类和其他动物的自然智能不同。”因此，人工智能将帮助机器变得更加智能化，以满足用户的需求。人工智能允许网站过滤数据并向用户尽可能提供最好的数据。人工智能可以学习如何区分好坏，给我们提供可靠数据。

Web 3.0 的第三个关键元素是“三维世界”。三维网络的概念听起来可能有点陌生，但很多人已经开始在三维空间中互动了。例如《第二人生》或《魔兽世界》等在线游戏，用户对他们游戏中的人生比真实生活中的人生更加在意。《第二人生》的创始人菲利普·罗斯戴尔（Philip Rosedale）相信虚拟身份将像电子邮件地址和手机一样普遍。

Web 3.0 的第四个关键元素是“无处不在”。Web 2.0 时代中我们已经获得这项功能，例如在社交媒体网站，用户可以拍照，在线上传或分享，照片可以成为自己的知识产权。图像随处可见，无处不在。移动设备和互联网的发展将使 Web 3.0 体验随时随地可用。互联网将不再像 Web 1.0 时那样局限在桌面上，也不再像 Web 2.0 那样仅仅在智能手机上，而是会无处不在。

要实现这一目标，Web 3.0 时代，身边的一切事物都需是连接在线的，也就是形成物联网。我们正在稳定地向物联网阶段迈进。

2. 信息越来越公开透明，商业“护城河”在坍塌

什么是护城河？产品的护城河可以理解为产品的壁垒，而产品的护城

河也是企业在一个行业中的护城河。

试想，如果没有护城河，会怎么样呢?

没有护城河，就像你养大、养肥了一群羊，但是由于没有栅栏，没有羊圈，周围的狼发现你的羊后，就慢慢吃掉你的劳动成果。

然而在这个信息公开透明的互联网时代，没有永远的商业“护城河”，所有的“护城河”都只是暂时的。互联网进化最大的特点就是会透明、再透明。科学技术不断进步，互联网行业更是10年一个周期。昨天还是PC时代，惠普、戴尔、联想还如日中天，今天就已经是移动互联网的天下，苹果才是真正的弄潮儿。

没有谁永远是安全的，没有哪家企业能基业永青。因为明天以后将是什么主宰的时代，谁也不知道！在网络社会时代，竞争是全球性的。鼠标轻点，就能撼动一个人甚至一个企业的名誉情况，信息公开透明已经成为一种生存法则。只要拥有一定的电脑或者手机的操作能力，随时都能得到让组织变得更透明的各类信息。

同样的力量甚至可能会很快让隐私受到挑战。有一个日常的例子可以说明问题：数字技术让超市管理库存的方式发生了前所未有的转变，如今他们只存储当下需要的货物，同时允许检查每一位注册了电子折扣卡的顾客的购物清单。这样，在超市中心的电脑文档中，就会记录有本周某位女士买了多少瓶化妆品，用的是什么牌子的染发剂，甚至什么牌子的安全套等所有这位女士不希望外人知道的信息。

随着我们的个人记录越来越多地出现在网络上，越来越多的商家可以利用这些信息，打破商业壁垒，瞄准目标顾客，精准投放广告。互联网对所有人开放，信息越来越公开，越来越透明，商业“护城河”正在逐步坍塌。

由科技主导的新一阶段的透明化只会加速进行。它已经通过无数种方式改变了我们的商业模式，并将继续对商业塑形。

3. 企业需要无边界经营

当教室中的孩子了解星球天体不再依赖沉闷的课本，是与太空站的宇航员直接对话；当商场不再设立试衣间，通过显示屏，虚拟的自己就可以任意更换不同款式的衣服；当办公室不再有固定场所，无论出差、在家还是度假，随时随地都可以办公时——互联网已经改变了人们传统的生活和工作方式。今天，互联网已经使得我们身处无边界的世界。

“无边界经营”由美国通用电气公司企业家杰克·韦尔奇首创。实行企业“无边界”科技与经营创新，就是把企业中人的思想与知识创新，放到一个“无边界”的境地中，把企业置于全球大市场中进行资源配置、市场开拓、人才匹配、品牌创新和科技开发，营造更加广阔的国际市场空间。韦尔奇认为，打造无边界企业可以使人们专注于更好的方法、更好的思想，并在组织内部或与全球任何其他地方的企业共同分享最好的思想与实践。

随着知识经济、信息化等背景下现代科技的迅速发展，出现了经济全球化和市场一体化的发展趋势。当这一现象还在被经济学家忙着注释、企业界并未深刻认识时，美国通用电气公司企业家韦尔奇洞察秋毫，首创“无边界”理念，实现全球化科技创新的一次飞跃。

韦尔奇执掌通用电气公司20年中，公司连续4次被《财富》杂志评选为全球最受欢迎的公司，韦尔奇也先后共三次被《产业周刊》评为“最令人敬重的首席执行官”。韦尔奇的成功，在很大程度上得益于首创“无边界”经营理念。

随着全球化进程加快，国际市场一体化、国内市场国际化趋势日益明显，各国经济发展区域的界限日益模糊。全球经济无国界，企业经营无边界，即使是处于国内经营的中小企业，其原有经营边界也不断被打破。企业必须看到这一变化大趋势，大力开展无边界经营，才能存活下去，并且在经营中不断有新建树。近年来，无边界经营理念已被中外知名企业广泛运用于实践之中，取得了惊人的业绩。美国通用公司推行无边界经营，将企业的知名品牌委托给澳柯玛、新飞等中国制造企业，使这两家企业的冰箱出口年突破50万台。美国福特汽车公司实施无边界经营策略，在全球百余个国家和地区建立了产品制造基地，与全球数万多家经销商、制造商及零部件供应商建起了网络系统，实现了真正意义上的无边界产品制造与经营。

无边界经营基于无边界组织的创建。无边界组织就是一种有机组织。

有机组织被置于一个更大的有机组织之中，其关系就像动物细胞核与细胞体、动物细胞与动物器官组织、动物器官组织与动物体之间的关系一样，彼此的关系不能僵死。如果这种关系僵化，将直接导致动物肌体组织的死亡和动物本身的死亡。

无边界组织是相对于有边界组织而言的。有边界组织要保留边界，完全是为了保证组织的稳定与有秩序。但无边界组织也需要稳定和呈现度，所以打造无边界组织绝不是要完全否定对企业组织必有的控制手段，包括工作分析、岗位定级、职责权力等的设定，只是不能使这些僵化。

无边界组织绝不是要完全否定企业组织必有的控制手段。因为凡是企业组织，稳定和有秩序是其存在的前提，所以，有必要借助一些控制手段来保证这种稳定和有秩序。无边界组织强调的是在保证稳定和有秩序的前提下，突破各成分之间的种种界限，以增强企业组织的灵活性和适应性。

我们身处无边界世界，互联网使得我们可能触及这个世界的各个角落。而企业在获得外部社会环境认同之后，可以无边界经营，从外部获取发展资源，包括市场资源，来实现其发展。

4. 竞争不只是来自同行，还来自四面八方

中国有一部获得雨果奖的科幻小说，名字叫《三体》，里面有句话说：

“我消灭你，与你无关。”这真是一句残酷无情、斩钉截铁的话，它充满大智慧，揭示了整个人类世界前进和发展的基本规律。

比如，方便面的销量急剧下滑，它们的对手或许真的不是白象、今麦郎，而是美团、饿了么等外卖企业。

比如，打败绿箭口香糖的不是益达，而可能是微信、《王者荣耀》。在超市收银台处这个购物场景中，过去顾客在排队等候缴费的时候无聊，就往购物篮里放入两盒口香糖，而今天大家都在看微信、刷朋友圈、玩《王者荣耀》，于是随手拿口香糖的人就少了。

比如，共享单车一块钱起步收费，任使用者随便骑，可以骑到任何地方，停下锁车就能走，就不用管了，非常方便。共享单车一出世，打车的人就少了一些，卖单车的店铺、修自行车的小摊儿生意也都一落千丈。

新技术消灭老技术、新模式消灭老模式、新行业消灭老行业，竞争不只来自同行，还来自四面八方。互联网时代，最强的对手往往来自本行业之外的领域。如果说以前时代里的企业竞争只是二维的平面的、同行业之间的竞争，当今时代的企业竞争则是三维、四维乃至更高维度的跨界竞争！

免费的“360”淘汰了金山毒霸。苹果手机将诺基亚拉下马……

还记得曾经轰动全球的济南光伏高速公路吗？作为世界首条光伏高速公路试验段，济南南绕城光伏路于2017年12月28日正式通车，并一度刷爆国内外社交媒体。虽然后来，这条“光环满满”的“网红”路大部分被拆除，但是它的确提示了一种发展新态势。这条高速公路可以自己发电。具体来讲，就是该路面的修建使用一种建造被称为承载式光伏路面时使用的技术，即将符合车辆通行条件的光伏发电组件直接铺设在道路路面上。其高速路面可分三层，表面与车辆、行人接触的是保护层，用的是透明混凝土，不仅能承载小型电动汽车的行驶，还要能承载中型货车的行驶，其技术指标大小和通行安全系数均超过当前普遍使用的沥青混凝土路面。中间层，是生成电力的原件层，铺设的是光伏发电组件，可以发电。底层，则是隔绝下方湿气的绝缘层。

在这个科技以十倍速指数级发展的时代，没有什么是不可能的。比如以前，谁能想象手机靠 Wi-Fi 就可以充电？可是现在，苹果手机无线充电已经走进了我们的日常生活。再比如，之前说机器人活动要取代大量的人类智力活动，很多人都会摇头，可是如今百度、阿里、腾讯、科大讯飞在自动驾驶、城市大脑、医疗影像、智能语音方面的发展，已经到了一个让人瞠目结舌的地步。

一日千里发展的科技在你看不到的地方，使你处身的行业面临巨大的威胁。这个跨界打劫、飞速变化的时代就如同一个危机四伏的暗黑森林，每个企业都是带枪的猎人，你永远也无法想象下个竞争对手是谁。

随着新技术、新模式的不断涌现，没有哪一个行业、哪一个企业可以一劳永逸地稳立商场！

就拿人工智能来说，全球咨询业巨头麦肯锡对人工智能下了一个触目惊心的判断：随着人工智能的迅猛发展，到 2030 年，全球 8 亿人口的工作岗位将被机器占领。

当然，随着旧的职业消逝，新的职业可能被创造出来。但是，这有赖于企业不断学习，不断自我革新，不断适应新的需求。如果不自我革新，不自我变革，就只能等着别人来革命。

换句话说，旧时代的一切已经渐行渐远，竞争不只来自同行，还来自四面八方，企业只有不断学习、不断提升自己，保持足够开阔的视野，早一点看到未来，早一点抓住机遇，方能在变化中应对自如。

5. 跨界（超越常规）成为一种常态

商场唯一不变的法则就是变化，企业自身、竞争者以及顾客的需求等都是处在不断的变化当中的，所以不管身在哪个行业，都只能以变应变，持续创新。跨界，就是一种突破惯例且行之有效的“以变应变”之道。

在互联网时代，企业面临着许多困境，在我们探索解决之道时会发现，其实最需要的是新思维、新方法，例如互联网思维、互联网跨界思维、互联网增值服务思维。

新时代背景下的跨界思维，是综合性、多角度、外向性的策划思维，它有着一种符合大时代潮流的、能够将企业带出困境的整合营销思维模式。每个遇到“瓶颈”或是想要获得更大成功的品牌企业都需要具备这种跨界思维和思维模式。

跨界思维包含新型的策划理念与思维模式，是通过嫁接其他行业的价值对企业进行创新性的改造，制定全新的企业和品牌发展战略战术，让原本毫无关系甚至相互矛盾的行业之间相互渗透、相互融合，从而在其过程中碰撞出新的火花，创造出商业奇迹。

跨界思维主要有三个特点。

第一，跨界思维属于一种外向型思维，其属性就是外向，即更愿意到外面的世界开辟出一片新的天地。

第二，跨界思维所使用的是“三只眼睛”的全新思维模式，同时也包含多向性思维的策划。在商场中有很多企业都将这种思维模式的使用做到了极致。

成功的案例表明，在今天的市场中，许多问题都不是一两只眼就能找出解决方向的，要想成功跨界，企业主要拥有“第三只眼”。

第三，跨界思维具有综合性。跨界思维内容涉及多行业、多领域、多文化，所以具有综合性，需要实现由多到一的融合创新。这对跨界思维者的要求就更高，他们必须具备多行业、多领域、多文化的营销策划能力。

互联网发展带来了跨界，然后超越常规成为常态。

首先，在产业层面，虚拟经济与实体经济互相融合，需要形成平台渗透型生态系统的超越常规的商业模式。

其次，在组织层面，互联网的发展使专业化分工变得越来越明显，虚拟化组织的迅速发展让传统组织管理面临着新的挑战，让组织管理超越常规，边界越发模糊，需要组织管理者突破旧的管理模式。

最后，在跨界式人才层面，互联网时代，信息的爆发以及新型传播方式的普及，使许多人不得不主动或被动地进行跨界知识储备。这些超越常规做事的两栖甚至多栖人成为许多企业竞相邀请的对象。

总之，跨界竞争将让原有的商业世界进行重新洗牌，掀起一场商业大战。企业如果不先跨界，那么别人就会先下手为强，先过来打劫。你不跨界，别人就会将你挤出这片商海！

互联网的跨界颠覆更是将这种优势放大。互联网的跨界颠覆在本质上是鼓励高效率者淘汰低效率者。互联网的飞速发展使得商业变得无边界，跨界和超越常规成为一种常态。由于信息的爆发以及传播方式的变革，一切不对称的信息都将被颠覆。互联网之所以能颠覆传统行业，是因为互联网企业从工具到思维，从产品到人才优势都比传统企业的要高得多，效率也高得多。

6. 边界越来越难以界定

企业有边界吗？如果有，是什么决定了企业的边界？

这是一个从亚当·斯密提出分工和专业化之后，经济学界就一直没有停止讨论和研究的问题。

互联网时代，企业的边界在哪里成为热议的话题，研究企业边界的有两派理论。

一派理论是企业战略管理学派理论。这个学派从知识、资源和能力的角度研究企业的边界。比如钱德勒的效率边界论，虽然钱德勒没有明确提出企业边界的概念，但他实质上阐述了企业规模由效率因素决定。又比如管理战略理论强调“企业核心竞争力”。而在资源决定论者眼中，企业不仅要占领市场，同时还要打败其他的企业才能存在。

另一派理论是新制度经济学的企业理论。对于企业边界研究，给人们留下深刻印象的是新制度经济学的研究。1937 年，25 岁的罗纳德·科斯发表了《企业的性质》，在这篇使科斯获取 1991 年诺贝尔经济学奖的论文中，科斯认为企业的边界在于：“企业的扩大必须达到这一点，即在企业内部组织一笔额外交易的成本等于在公开市场上完成这笔交易所需的成本，或者等于由另一个企业家来组织这笔交易的成本。”

科斯这样解释：“当企业扩大时，企业内部交易增加时，企业家不能成功地将生产要素用在它们价值最大的地方，也就是说，不能导致生产要素的最佳使用。”企业规模扩大导致信息不对称，效率下降、管理收益递减，企业家的经验和判断的失误也会增多，这就决定了企业不可能无限制地扩大。所以，当其他条件相同时，组织成本越少，企业家犯错误的可能性越小，生产要素的供给价格下降得越大，企业将趋于扩大。

科斯论证的企业边界是对于工业经济时代的企业。工业经济时代的企业强调专业化和协同性、规模化和标准化，这种以专业化和标准化为基础的生产制造体系形成了工业经济时代的商业形态产生相应模式——专卖店、连锁店等。其商业模式通过建立规范的标准和样本，再经过供应链体系和代理，形成规模销售效应。

如今我们已经由工业经济社会进入互联网经济社会。工业经济强调专业化，促进了创新，提高了服务体验，提高了生产效率。随着互联网的渗透，平台经济已经在全世界迅猛发展，成为趋势性的商业模式，也是新互联网经济时代最重要的产业组织形式，是引领经济增长和推动社会发展的新引擎。

全球知名企业的大部分收入获取越来越依靠平台类业务支撑，比如，谷歌的成功在于其打造了信息汇聚与分享的平台，苹果的成功在于其打造了内容汇聚与交易的平台，而脸谱的成功在于其打造了用户（人）会聚与联络的平台。

从广义角度讲，平台是一种交易场所，最早的平台就是集市。中介公司从事的经济活动也属于平台经济。互联网经济时代的平台包括电子商务平台、社交网络平台等，它们有一些共同的特点：

平台经济模式是多边或双边市场，客户群具有多样性，容易附吸长尾客户；

平台经济模式具有强大的“网络效应”，一种客户的群体持续成长，吸引了其他类型的客户，继而会反过来吸引更多第一种客户，交叉网络外部性、增值性、快速成长性等特征明显；

平台由一家公司控制，交易条件由公司设定，公司通过信息精确匹配、规模效益（比如团购）或定向营销等方式给在平台上交易、交流的双方带来便利和实际利益。

1937 年科斯写作《企业的性质》的时候，没有想到信息网络技术发展如此之快，但是，科斯预见了技术进步对于企业扩大边界的影响。他认为：“倾向于使生产要素结合得更紧和分布空间更小的创新，将导致企业规模的扩大。倾向于降低空间组织成本的电话和电报的技术变革将导致企业规模的扩大。一切有助于提高管理技术的变革都将导致企业规模的扩大。”

当今世界，科斯预见的这三种情况都发生了，信息网络技术的发展，特别是云计算和大数据的使用，使资源配置越来越精准，信息传递的成本极大降低，企业管理的技术日新月异。

那么，互联网经济时代，企业到底有无边界呢？如果以纳税实体为判别标准的企业边界，毫无疑问，企业是有边界的。如果从交易成本理论来看企业边界（有人称之为“契约边界”），企业的契约边界的交叉是一种商业常态。也就是说，企业有两条边界，一条是经营边界，另一条是治理边界。从契约的角度来看，企业是无边界的。

企业的经营边界在互联网经济时代越来越被生态替代。

张五常在《经济解释》中关于企业边界的论述——对于互联网经济时代更加符合“真实世界”这样解释：“最正确的看法，不是公司代替市场，也不是生产要素市场代替产品市场，而是一种合约代替另一种合约。因为零碎的生产贡献多而复杂，订价费用繁而高，市场就以其他合约代替。这些代替的合约不全部直接量度生产的贡献而订价，通常以一个委托之量定价处理。”

互联网经济时代是一个创新的时代，是一个颠覆式、毁灭性创新的时代，行业边界越来越难以界定。随着科学技术的发展与竞争的加剧，传统行业边界被打破，产品和服务的生命周期越来越短、更新速度越来越快，创新是企业竞争的重要手段，但一次创新往往意味着创造了或者重组了一个行业。例如，微软的 Windows 操作系统的产生不仅创造了操作系统软件这个行业，更创造了以操作系统为基础的、更庞大的应用软件行业。可以说，对于这种创新型企业来讲，是没有行业限制的，他们可以凭借自己的核心竞争能力向任何行业发展，甚至创造全新的行业。微软不仅是一家软件公司，它还生产硬件。这种创新型企业的行业边界不仅是模糊了，甚至是消失了。

当下的商业竞争不再是企业间的竞争，而是企业所在的商业生态系统的竞争。商业生态系统包含若干行业，因此不同商业生态系统之间产生了竞争关系。例如，苹果公司以前更多是一家硬件制造企业，提供电脑、手机等生产服务；谷歌公司是一家互联网企业，提供搜索服务，两家企业本没有直接的竞争关系。然而，随着竞争的加剧和技术的发展，苹果的手机已经不是单纯地给客户提供通信服务的硬件，而是向客户提供了一个接入移动互联网的端口，一个智能终端，它背后有一个包含数以万计应用软件开发商的商业生态系统。对于谷歌来说，它要在移动互联网时代将搜索以及其他互联网服务推广到移动终端，因此，谷歌收购了 Android（安卓）手机操作系统，并以此系统为依托，研制和开发了自己的手机以及网上应用商店，从而和苹果形成了直接竞争关系。通过分析苹果和谷歌的案例，我们可以发现，竞争的加剧使得企业不断冲破原来的行业边界，在一个更广泛的市场空间内展开竞争，行业和行业之间以往清晰的边界变得模糊了。

7. 从有边界到无边界

分析现有的商业模式，我们会发现一种是有边界的，一种是无边界的。有边界的商业模式，其目的在于盈利。无边界的商业模式，其目的是让这种游戏永远进行下去。

比如一些传统企业模式或直销模式，就属于有边界的商业模式。近几年来，其在生存和发展上面临着不少难题。

采用无边界的商业模式是一种大的趋势，它之所以受到欢迎和支持，根本原因在于资源的共享、利润的分散持有。

比如一个大的集团公司每年会创造巨额的财富，有边界的模式会把这些财富分配给大小股东，而采用无边界的模式会把创造的财富归还给所有参与者。

因为没有边界，利润的分配更加科学合理，依靠这种事实和结果，自然会吸引更多的人认同这种商业模式。当边界进一步扩展时，价值创造的能力会更强，参与者获得的价值也会更高，从而形成一种正循环。

当无边界的商业模式拓展到实体企业的时候，就能够赋能实体企业更好地发展，实体企业会将产生的利润再次分配给消费者。而实体企业也会将这种模式传递给上下游企业，从而实现边界的不断突破。这种透明、对等、互信和共赢的商业模式，将会成为未来的一种理想商业模式，这种新模式能带来新机会。

如今的商业模式变革重在遵循无边界拓展原则。

首先，商业模式变革遵循的是建构逻辑，而不是分析逻辑。SWOT 分析是分析逻辑的一个典型例子，其核心思想就是“企业善于做什么就做什么，而不要做自己不擅长的事”，基于企业既有的优势资源和能力来发现机会并制定相应的发展战略。建构逻辑则主张“市场需要什么，企业就应该尽可能生产什么”。

商业模式变革重在遵循无边界拓展原则，企业应该从自己的战略意图出发，通过解构外部环境和分析顾客价值来寻找市场空隙，然后通过整合外部资源和重构产业生态来逐步建构自己的能力和资源，并推动和影响新系统的形成，最终打破行业既有的价值—成本互替定律，建构新的最优行为准则。

与建构逻辑相对应，商业模式变革就是以企业外部顾客为源头和根基，而不是基于企业的既有资源和能力。

其次，商业模式变革秉承无边界拓展原则，不应固守边界或者囿于既有的业务边界和产权边界之中。热衷于固守业务边界的企业通常会“自我设限”，在既定的行业里一成不变地经营既定的种类产品，通过产品性能的提升、降低成本、品牌差异化来构建竞争优势。

无边界拓展原则是在明确区分企业业务边界与行业业务边界的同时，努力在企业业务边界以外发现新的需求，通过与不同的利益相关者建立利益和交易关系来扩大利益范围并形成利益共同体，从而构筑以自己为核心的商业生态系统。

最后，商业模式变革强调竞争合作，而不仅仅是竞争。传统上，人们总认为竞争是企业间永恒的话题，竞争优势来自企业内部价值链不同环节产生质量的提升，企业通过自觉和主动地自我设计和系统驾驭来建立差异化或低成本的竞争优势。而商业模式变革则强调价值共创和不同企业之间既竞争又合作的关系，企业竞争优势来自企业所在的外部生态系统。商业模式变革需要一种全新的经济系统来协同上游和下游的利益相关者；要求颠覆既有的价值逻辑，构建一种局部闭环价值逻辑，并且通过遵循这种新型闭环价值逻辑来形成利润积累。

实施商业模式变革的企业会在新的商业生态系统中谋求占据商业生态系统的盟主地位和交易结构中的枢纽地位，而不是简单地追求传统意义上的差异化和低成本，并根据局部闭环价值逻辑来设计交易结构，最终构建基于商业生态系统的竞争优势。

8. 乌卡时代与企业难以操控的未来

数字化浪潮之下，整个世界的商业格局都在发生着新的变化，保洁公司首席运营官罗伯特·麦克唐纳借用一个军事术语来描述这种新变化：这是一个 VUCA（乌卡）的世界。乌卡时代已经悄无声息地来临。

VUCA，是由四个英文单词词头组合起来的概念，指的是易变不稳定（volatile）、不确定（uncertain）、复杂（complex）、模糊（ambiguous）。四个单词的词头组合起来，与今天的社会环境融合为一，构成了乌卡时代。今天，每一个企业，不论是互联网新兴公司，还是传统的制造类企业，不管规模大小、人数多少、盈利如何，都处在一个有着易变性、不确定性、复杂性、模糊性的世界里，谁也逃不开整个乌卡时代的覆盖。

“易变性”意味着事情变化非常快，昨天还被奉为真理的经营理论到了今天可能就丧失了它存在的市场环境。“不确定性”指谁都不知道也很难准确判断下一步的方向是哪里，企业未来之路该往哪里走，未来企业会是什么样子，每个企业的决策者都找不到答案。“复杂性”意味着每件事都会影响到另外一些事情。互联网信息大爆炸的今天，一个不起眼的差评、一个网友的帖子、微博上的不足 140 字的言论、企业员工的私拍照片等，都可能引发企业的一场生存危机事件。“模糊性”表示关系不明确。对于企业来说，消费者的身份变得多元，他们除了会购买商品，还会在社交网络中讲述自己的购物过程、体验、评价商品等，成为企业宣传中的关键一环。这种企业与消费者关系上的模糊性让企业的生存和发展处于越来越复杂的情况。

乌卡时代的到来使得企业必须面对越来越难以操控的未来。怎样在无序中重新定位自身，怎样在易变不稳定的商业大环境中生存下来，如何去控制企业在难以操控的未来中朝着既定目标前进，这些已经成为很多企业家不得不面对的难题。

信息技术的不断进步让企业的生命周期越来越短。比如苹果产品每年都迭代一次，至今已迭代了十多次，且迭代的步伐还在继续；小米从创立、生存、成长，到触顶、回落、转型，只用了短短五六年时间。信息技术的进步，除加速商品的推陈出新外，也大大缩短了“企业经营理论”的淘汰期。

今天，大众的价值观越来越开放、多元，需求也呈现出多元特征，既有追求价格便宜的消费者，也有不买最好只买最贵的人；既有不停买买买的购物狂人，也有崇尚极简生活、能自己动手绝不消费的人。在这个多元化的世界里，任何基于市场的经营理论都很难顾全到整个商业领域的全貌。换句话说，都是局限的。比如关于对市场的解读、需求的多元化，使得企业决策者很容易陷入过度解读的误区，任何过度解读都会解读成阴谋论的产物。

互联网让信息的传播变得方便而迅速，但与此同时存在的是网络上汇集大量的各种各样的信息大大增加了企业品牌建设的复杂性。人们的思维世界已经变得拥挤不堪。一家企业非得付出超乎寻常的努力、创造超乎寻常的业绩才能博得人们的注意力。

此外，互联网大大促进企业管理理论创新的速度加快。比如过去人们普遍认为组织是一个简单的系统，只要组织的各部分都做好本职工作，就能盈利，但哈佛大学的丹娜·左哈尔教授推翻了这一牛顿式的管理学理论，提出了“量子管理学”。她从量子系统动力学入手，提出组织是一个量子生命系统。

正如丹娜·左哈尔所说：组织是由人所构成的系统，这些人不仅有思想，还有目的、动机、价值观和个人偏见。以上种种因素都会影响到我们思维的内容和本质。和人类一样，公司系统或组织系统也有自己的“大脑”。公司正是通过自己的“大脑”来进行内部管理，并决定如何与外界环境中的信息、需求和机会实现互动。

互联网及人工智能等技术的加速应用正在重新定义商业，但不少决策者还在用传统的思维习惯去看待问题，去思考判断，作决策，但实际上很多过往的管理理论或实际经验并不可靠，甚至早已经与真正的理论成为悖论。在这样的大背景下，市场不能自洽，引入新的范式成为一种必然。

第三章

突破式创新：无边界商业九大模式

1.共享模式

分享经济，也称共享经济，是无边界商业的九大模式之一——分享模式的产物。共享经济究竟是什么？共享经济本质上是将原先由于技术手段或者商业模式的限制无法参与经济活动的生产生活资源，比如房子、车子，或者时间、智慧等通过新的技术手段或者商业模式的使用投入经济活动与经济流通中，重新产生经济价值与社会效益的经济。

用经济学的术语描述，共享经济就是资源的优化配置，让闲置的资源发挥出更大的价值。

那么，为什么共享经济将势不可当？

因为共享经济创造了新的市场，是能够让商品、服务、数据以及智慧拥有共享渠道的经济。资产所有者通过借助数字清算机构，利用他们已经拥有但未使用的东西来赚钱，消费者向其他消费者租赁，而不是向公司租赁或购买产品。其特点是陌生的个体通过第三方网络平台进行物品或服务的交换。

在国外，某个旧金山州立大学的学生，可以通过网站的介绍找到一份每晚收入 40 美元的宠物狗照看服务工作来赚取生活费。一个秋天下来，她的平均月收入能够达到1200美元。网站提供共享服务工作让很多人拥有了相对自由的工作。

Airbnb（爱彼迎）是全球民宿短租公寓预订平台，覆盖全球超过220个国家和地区，使人们不管去哪里旅行、度假还是商务出行，都能住进旅途中的家。爱彼迎采取房东实名认证，房屋干净卫生，长租可享受优惠。仅仅以这个在线房屋租赁网站对旧金山的经济影响为例进行说明，由于旧金山Airbnb的租金常常低于酒店，人们在旧金山逗留的时间更长，甚至有14%的Airbnb客户表示，要是没有Airbnb，他们根本不会来旧金山游玩。这就是共享经济对个人及服务的新机遇。

共享经济也为企业提供了新机遇。如同易趣让每个人都能成为一笔交易中的卖家一样，只要条件允许，共享类网站让每个人都能把自己的所有物变成商品，包括时间和服务。如同共享经济的支持者们常说的：使用渠道比拥有权更重要。

共享观念利用那些以前被认为不可能产生收入的资产创造了新的市场。网络技术发展跟进共享经济发展，降低了人们共享的成本，让人们能比以往更容易并且廉价地获得共享资源，也就有可能让更多的人参与进来。

如今，共享模式已经带来了共享经济的稳步发展，全球各地上千家公司和组织为人们提供了共享或者租用商品、服务、技术和信息的条件。

共享模式具有相当的可被复制性，以及自身的优越性。但其发展还有诸多的困难。归纳一下大致有三点：技术限制、政策限制、认知不足。

技术限制：没有技术积累，就没有移动互联网的发展，采用共享模式就不可能实现。

政策限制：这一限制对于打车行业尤为明显，网约车的发展就在不断适应政策。

认知不足：打车软件的成功有一个事特别有名，那就是推广人员在加油站推荐一个一个司机安装，软磨硬泡外加给予优惠才培养了第一批种子用户。烧钱，这是网约车成功的不二法门，用户对共享经济中的网约车服务有着认知和适应的过程。

2. 平台模式

互联网经济的大潮中诞生了淘宝、天猫、京东、美团、网约车、拼多多等全新的商业领袖，这些商业领袖创造了可圈可点的商业奇迹。以互联网平台连接生产者和消费者来提供产品和服务的商业形态被定义为平台经济，所采取的商业模式称为平台模式。

平台模式被认为是互联网经济下最经典的，也是最强有力的商业模式，打着平台模式旗号的创业企业也会受到资本的青睐。平台模式备受资本欢迎的原因在于“赢家通吃”，像共享单车、共享货架、B2B 电商平台等吸引了数百亿元资金的投入。

回归商业现实，淘宝、天猫、拼多多、美团无疑是成功的电商平台，取得了巨大的成功，而商业模式同为平台模式的滴滴被爆 2021 年亏损 500 亿元，一度风光无限的 ofo 也早已倒闭，B2B 电商平台中更是死伤一片。

不是说平台模式是互联网经济中最适合的商业模式吗？那么，为什么冰火两重天？

平台模式的构建要从四大方面进行考虑：产业上下游规模和离散程度，决定了平台的市场空间；平台如何连接生产者和消费者，决定了企业的运作模式；所构建的平台是否具有“外部性”决定了平台生命力；平台所采取的收入方式，决定了平台是否能够稳定发展。

首先，产业上下游的规模和离散程度，决定了平台的市场空间。

平台的生存土壤在于产业上下游之间衔接的缝隙，其上下游规模和离散程度决定了市场空间。产业上下游规模越大，离散程度越高，平台的市场空间越大。

以淘宝为例说明，淘宝的作用在于通过网络平台将生产者海量的产品和消费者差异化的需求进行匹配，产业上下游（上游是社会化生产，下游是大众消费）的规模巨大，而且离散程度非常高，所以能够承载淘宝这种巨无霸般的存在。

从上下游规模角度来看，比如“饿了么”，“饿了么”将饭店备餐和用餐人的点餐需求匹配，看似规模庞大，但实际上每个点餐人面向的只是方圆 3~5 公里以内的饭店。再如一些上门美容、美甲等生意，其所面临的市场规模就会更小。

从离散程度角度来看，近年在工业品产业诞生了找钢网、找气网等平台，工业品产业上下游的规模是巨大的，但是由于我国经济特色的原因，工业品产业上游离散度很低，基本供应商都是有数的，平台更像一个提供交易担保的地方，存在的价值不明显。这就是工业品 B2B 平台发展缓慢的原因。

其次，平台如何连接生产和消费者，决定了企业的运作模式。

产业上下游的规模和离散程度决定了平台的生存空间，而平台如何连接生产者和消费者决定了企业运作的模式。

以电商平台为例说明，淘宝的模式作用在于为生产者和消费者提供一个撮合平台。淘宝提供平台基础环境、流量入口和信用保障机制，并不参与生产者和消费者的交易，因此淘宝的运作模式在于为交易双方提供更加公平、高效的交易环境。京东除了提供平台环境外，还作为生产者参与交易活动，京东的运作模式就在于挑选优质的产品，自建物流体系以提供好的消费体验。

淘宝的撮合模式能够使企业迅速扩大平台销售规模，但是消费体验的优良难以保障；京东的自建模式能够提升消费体验，但是规模扩张缓慢。这是选择任何一种平台模式都要面临的问题。

再次，外部性是某种平台模式的构建竞争力，拥有生命力的根本。

平台经济之所以能够实现“赢者通吃”，用经济学术语来讲就是在于“网络的外部性”。通俗来讲，你在平台上获得什么样的好处取决于平台规模状况。如电商平台凝结消费者越多，吸引的生产者就越多，规模越来越大，作为消费者就能获得越来越好的服务，平台的黏性就越来越强。具有网络外部性是平台建立竞争力的根本。

其实团购网站、订餐网站都面临同一个困局，一旦有新的平台携带资源杀入市场，就会带来巨大的冲击，它们可以在某一点上取得优势从而带来致命的打击。所以构建平台选择平台模式一定要想清楚竞争来源到底是什么，是不是有足够的外部性，如何构建自己的外部性，如何发挥规模效应。

最后，平台所采取的获取的收入方式决定平台能否稳定发展。

获取收入来源是商业模式规划的核心和关键，淘宝的撮合模式收入主要来源于广告收入和销量提成，京东的自建模式收入主要来源于销售产品的收入，“饿了么”、团购网站的收入来源也来源于销量提成。

平台模式的企业一定要进行精细的核算，考虑所获得收入能否支持平台稳定发展，比如订餐平台，如果依靠销量提成，要计算清楚平衡点，因为平台提成会增加饭店的成本。如果提成过高，饭店会将成本支付转移到消费者身上。一旦售价提高，就会受到消费者的抵制，会带来平台生存危机。

平台模式无疑是互联网经济中最为典型的和具有很强的生命力的商业模式，但是不是做个网络平台就能够形成商业平台，平台的生存空间、运作模式、竞争力、收入来源情况决定了平台的成败。

3. 生态模式

商业世界正在加速生态化。商业世界的生态化与企业经营的核心化、个性化和多样化发展相伴相生、相互促成。商业的生态模式时代已经来临。

英特尔、高通、苹果、Google（谷歌）、迪士尼等公司，及其各自“圈”中成千上万的参与主体，共同为我们展现了未来的商业的生态模式结构。这是一种分布式增强型结构，以及一种基于绝对和相对比较优势的系统架构。

生态系统的产品的技术、设计、研发、品牌、市场、生产、销售，以至职能服务等全部功能是由诸多自我经营、自我管理的市场主体承担、合作完成实现的。每项功能或功能片段均由在此方面最具优势的主体承担。而同时这是一个自组织的共生系统，系统中的主体相互增强，“所有的你都让我变得更强，所有的我都让你变得更有效。”“共性”与“个性”相结合的组织逻辑，既最大限度地减少了重复，又可以使员工有效地经营和服务每一个细分市场。

生态系统的基本规则是市场规则，系统是开放的。市场规则和开放性保证了系统的渗透力，以及系统组合的最优化、高效率与快速进化。这种“价值创造—商业化经营循环系统”，以及科学能力、技术能力、工程能力（生产能力是工程能力的一种）和市场能力在社会层面中的分别被承载又相互辅助成全和影响的模式，也是理论上最具效率（包括知识创造效率与创新效率）的系统结构和组织模式。

生态模式下，个性价值和功能优势成为企业确定边界的决定性因素。独特价值决定企业最小边界。相对于传统的垂直一体化的企业而言，生态模式下的企业功能组合减少了，功能“退化”了，企业变成不完整的，但“退化”即“进化”，企业去除了其不具优势的功能，聚焦在其最具优势的功能上，降低了复杂性，提高了所有参与主体的效率；企业的独特价值经由系统被应用到所有可能的对象上，实现价值的市场用尽，达到一体化经营不可能达到的经营深度和广度；企业参与商业世界活动的门槛降低，更多的企业可以参与进来，更多的资源和市场得以被有效开发和利用。同时，企业也更有可能在提升产品质量和服务的体验满意度上增加投入，商业世界因此可以从功能时代走向体验时代。

越来越复杂的知识型产品、全球化、竞争、交通和通信技术的发展，以及合作型商业理念的形成，都在继续帮助扩大商业的生态模式的优势和版图，使得这种模式从最初的汽车、飞机等少数几个行业渗透到差不多所有行业，从初级形态走向深度生态化的复杂形态，“参与—分享”的商业行为同步展开。信息技术和互联网的应用与普及又在进一步加速这个行为：即便是复杂的、经常性的和大规模的信息交换的成本也是趋近于零，主体之间的接口成本降至最低，系统分工可以到达要素和功能片段层级，主体规模可以小到以个人为单位（即个人也可作为“创值单元+分享账户”有效参与到系统中去，培养个体的特殊价值）。商业世界变得更“碎”了，同时又更完整了；更纷繁复杂了，同时又更有规则了。

商业生态系统中，主体之间的关系性质是：纵向合作、横向竞争，或者说，同类竞争，非类合作。合作商是企业完整价值链的组成部分，企业需要管理好“合作”，而不仅仅是“竞争”。企业的管理边界要远大于其生产力边界，对商业合作体系的管理成为至关重要的经营和战略性工作。基于生态，则管理边界必须扩大到生态。合作管理，是各主体对自己所在生态管理的具体内容。合作管理包括对商业合作伙伴的选择和管理规则的制定。合作规则的制度应明确化和标准化，规则越明确，交易成本越低，体系越开放。生态系统中，价值基础平台有最高级别的规则制定权，其也是整个系统的设计者和管理者，各主体规则制定权的大小与其独特价值的竞争力和功用性相对等。

实践中的生态结构和主体形态要丰富得多。这除了是因为系统复合生出复杂性，还因为实践情境总是千差万别。“一个生态千万种模式”才是对现实世界的真实写照。

4. 跨场景模式

要理解跨场景模式的概念，需要先弄清楚“场景”的来源。“场景”源于戏剧、影视剧，而在数字化领域中则是指有需求的场合和背景，多跨场景应用可理解为：以全局观念、系统思维通过跨行业、跨领域、跨部门、跨需求，在更大的场景中去分析、判断、决策，进而推进整体效用数字化改革系统化、集约化。

当前，跨场景模式是在各领域推进数字化改革的重要抓手，比如：5G+、工业互联网、智能制造、个性化需求满足、“一站式”服务等都是跨场景模式的典范。而在制造业领域，产业链重构、供应链弹性化、生态链国际化，也需要以跨场景模式为抓手。

数字化改革是一项社会系统工程。就物理层面而言，它涉及地面、地下、空间（航站）；社会层面则涵盖党政军团、工农商学、文体卫研、社会团体等；目标层面包括普惠民生、高效政务、科学城管、绿色发展和安全可控；资源层面包括资金、物质、人员、数据、网络、技术等；功能层面则关系到各种需求和解决方案。彼此独立的单个或多个场景只解决局部问题，而多跨场景应用旨在解决系统问题。

跨场景模式反映了应对加剧不确定性的战略思维。当前世界性疫情加剧，全球气候异常变化，国际货币不断超发，国际形势风云变幻；国内又出现终端消费通缩、供应链多次出现裂口、劳动力供应短缺与成本之困等挑战，在环境、市场、资源等方面出现了较大的不确定性，有的则是牵一发动全身，使我们必须在更大、更多的场景中去应用数字资源和数字技术，以便科学地做出判断和决策。

跨场景应用也是绿色发展的重要抓手。2030 年前做到碳达峰和 2060 年前实现碳中和是我们的国际承诺，也是一场攻坚战，必须以全国一盘棋的战略思维来务实推进该承诺的兑现，因此，不可能依托几个特殊案例来突破难点，而是需要采用跨场景模式以实现整体推进。

跨场景模式有助于打破数字壁垒。数字化改革必须让数据解决六个问题：数据干什么（目的）、数据要什么（内容）、数据从哪儿来（来源）、数据如何管（治理）、数据怎样用（应用）、效用怎么评（价值）。跨场景模式的采用涉及不同行业、不同领域、不同部门、不同需求，必须协同作战，打通使数据流顺畅运营的各个节点，实现数据共享共用。

那么，如何实现跨场景模式使用呢？

首先，资金投入是基本保障。在推进数字化改革的进程中，需要大量的技术创新，而拥有充足的资金是实现技术创新的重要基石。

其次，保证数据治理这个必要条件。当前，数字化改革的主要矛盾是应用的系统化需求与碎片化供给之间的矛盾；反映在数据上，表现为同样是数据系统化需求与供给碎片化的矛盾，都需要通过加快使用跨场景模式来逐步推进解决。

再次，创新驱动推动科学发展。跨场景模式使用的高质量发展依托于创新驱动方能实现，而新技术开发和运用是跨场景模式的难点。

最后，人才引领促有效推进。人才应包括精通数字管理、数字技术、场景应用的组织者。重在做好顶层设计，构建应用的文化和环境，既有系统思维、全局观念，又具专门知识、管理能力的中层执行人才；跨行业、跨领域、跨专业的跨界人才；擅长于将网络、数据、技术、服务、创新等数字化要素综合运用的融合型人才等。

5. 混改模式

“混改”已成企业变型的一种普遍模式，企业进入混搭时代，泸州老窖出香水，福临门做卸妆油，农夫山泉卖香米，小杨生煎出面膜，旺旺雪饼出粉饼，可口可乐出美妆，999 皮炎平上线了口红，大白兔奶糖卖起了唇膏，雅诗兰黛出奶茶，中石油跨界泡咖啡……就连互联网巨头们都不甘心，网易入局养猪，腾讯圈地文旅，阿里有了盒马还不够，还让盒马插足了火锅生意。

新冠疫情暴发后，企业跨界发展更是加速。

在疫情发展初期，为了应对解决国内口罩缺口问题，来自汽车、家电、化工、母婴、服装、纸品、酒业、地铁、手机等行业的超3000家企业跨界造口罩。

同样火热的还有生鲜电商领域，疫情期间，不只中石化、壳牌、BP等多家石化巨头纷纷加入跨界卖菜行列，美团、“滴滴”等平台也跨界做起了跑腿类业务。

此外，随着直播带货火热起来，企业家跨界直播也站上新风口：百度李彦宏2小时直播读书，公司市值一夜猛涨120亿元；罗永浩直播3小时售出商品84万件，销售额达1.7亿元；格力董明珠三场直播带货10亿元，这个业绩接近旗下网店2019年全年业绩的3倍。

疫情使得几乎所有行业企业不约而同接受跨界洗礼，“守得住经典，当得了‘网红’”。

可前所未有的跨界背后，既有一哄而上的资本热潮，又有浑水摸鱼的投机炒作，还有盲目狂奔的失序失控，更有资本退潮后的一地鸡毛，仅是地方补贴新能源、互联网大佬PPT造车就让“风口中吹上天的猪”在汽车行业寒冬之中从高处摔了下来。

大批企业跨界生产口罩，易造成产能过剩。疫情期过后，面对变化了的市场环境，对跨界企业后续发展如何应对也成了新的挑战。

一边是企业跨界还真不容易，另一边却是国企混改如火如荼。

2019年10月18日，央企混合所有制改革项目专场推介会上274个项目集中亮相，拟引入社会资本规模超2000亿元。随后2019年11月8日国务院发布《中央企业混合所有制改革操作指引》[①]，从政策层面做起，吹响了全面混改攻坚战的号角。

2020 年 5 月 18 日，中共中央、国务院发布《关于新时代加快完善社会主义市场经济体制的意见》，明确对混合所有制企业探索建立有别于国有独资、全资公司的治理机制和监管制度。这表明国企改革从“混”资本迈入“改”机制。

不管是民企还是国企，老字号也好，新经济企业也罢，混改模式已成企业变型的一种普遍模式。

企业混改正在提速并成为新常态，给新时期经济发展带来新的活力，这也是未来企业全面深化改革的方向和难点。新常态的经济发展特征是“中高速、优结构、新动力”，强调在经济缓中有稳的发展背景下提高经济效益和质量。在这个过程中，混改模式的发展逐渐完善，很多国企和央企实现混改，形成规范的混合所有制，建立起比较完善的现代企业制度。新时期，混改的优势更加明显，可以通过体制改革和创新实现利益和权力的平衡，提升经济效益。

在混改模式下，由于对混改的含义理解不足，一些合资企业直接“混”之，就作为混改，但是最终在经营理念、薪酬制度、企业文化和运营模式等方面，混改企业内部经常出现纠纷，影响企业运营。在互联网时代，采用混改模式要求引进有资源协同优势的资本参与混改工作，这是混

①《中共中央 国务院关于新时代加快完善社会主义市场经济体制的意见》（2020 年 5 月 11 日），新华网，2020 年 5 月 18 日。

改的亮点。如果企业单纯为了完成目标而吸收实际上对企业发展并没有助力的资本，那么在混改之后不但不能形成明确的商业运作模式和科学的战略布局，反倒会使企业陷入整改困境。

采用混改模式进行不是一蹴而就的，而是需要长时间慢慢实现。在混改过程中，需要加强企业管理，探究何为有效的混改对策。完善公司治理模式是发挥混改模式最大优势的保障之一。采用混改模式还要保证同股同权，关注资本的保值和增值，按照公司治理方法科学决策，决定资本的投资。

企业的混改是一项复杂的系统化工程，涉及的因素很多，很容易出现问题，因此需要“因企制宜”地进行操作，以顺利落实。

6. 裂变模式

裂变首先需要以一个（或几个）点为基础，成功地突破了一个（或几个）点后，再进入严格的复制，由一个成功裂变的点复制出另一个点，由这两个点再裂变为四个……以此类推，先慢后快，逐步推进，步步为营，从而最终快速高效地全面启动整个区域市场。裂变模式是充分运用互联网思维和利用共享经济的商业模式，通过裂变打造无边界的组织架构，让组织具备进化性，形成可以自我迭代、更新的完美生态系统，自然地优胜劣汰，形成更高效的生产力。

在市场裂变中，点上突破操作方法的科学性，其合理性、可操作性和可复制性决定了点上突破的效率，而效率的高低是能否快速启动市场的关键，因而要求点上突破的操作必须符合可操作性强、适应面广、简单、易学、易教、易复制的特点。

企业的商业裂变模式，是相对于静态商业模式和形而上的商业模式而言的。商业裂变模式指的是在组织中领导团队在认知升级的前提下，对本组织的商业模式进行跨越式创新的战略性布局模式。商业模式的特点是“相对静止”，而商业裂变的特点是“绝对运动”。裂变模式是一种认知过程与迭代的思维模式，因为几个核心要素每天都在以几何裂变的速度变化。

裂变，作为互联网时代最有效的增长方式，也是移动互联“逆势而上”的一种象征。得益于裂变的企业产品不计其数：绝地逢生的支付宝口令红包、随处可见的阅读打卡、拼单砍价活动、帮微信好友火车票抢票、拼多多口令、给微信好友送一杯咖啡……

裂变营销以传统的终端促销的加强为基础，整合了关系营销、数据库营销和会务营销等新型营销方式的方法和理念。这种裂变其实指的是终端市场的裂变，其核心内容是：进入市场开始不要全面摊开，急速发展，而要精耕细作，全力以赴进行单点突破。

电商行业经过这些年的发展，功能多了不少，玩法也完善很多，在这种情况下，商家们自然是有很多的选择，通过营销裂变模式去营销产品就是一种选择，那么，采用裂变模式有哪些玩法呢？

好友裂变：在众多裂变模式中，好友裂变有着很高的热度，是让用户为了得到优惠而向他的朋友分享助力链接，点击链接帮忙的好友越多，他能得到的收益就越大。

拼团裂变：这种裂变活动受到了大多数用户的欢迎，用户想要得到优惠，就需要去找别人和自己一起拼团购买产品，拼团的人越多，优惠就越大。

任务裂变：这种裂变玩法就是用户完成任务才能领取优惠，比如说让用户分享海报至朋友圈等。

裂变模式的完成需要以下六步。

选点和建点；裂变营销；精耕细作；终端制胜；建立统一战线；准确完整复制。

裂变模式从初级到高级，有不同的目标，具体如下所示。

初级裂变模式，目标是让用户买自己更多的产品，选择自己更多的服务。初级裂变模式的销售额 = 客户数量 × 平均客单价。这就意味着，一个公司要进行初级裂变，要么增加客户的基数，要么让客户购买更多的产品。那么，我们如何才能让客户购买更多的产品？核心就是客户群体化，并围绕着客户的梦想去设计产品。“我是米粉，所以我的手机、充电宝、家电等，都要是小米出品的。”“因为我崇尚至简生活，所以我的日用品都是无印良品的。”“因为我是詹姆斯的球迷，所以我的运动服、球鞋、护具都是詹姆斯系列的。”坚固的良好口碑、用户的同一身份感和得到终生服务的理念就是客户群体化的具体方法。

中级裂变模式，目标是让用户给你带来更多的用户，同时购买你更多的产品与选择你更多的服务。星星之火，可以燎原，让客户变成你的星火，为你带来收益。利益平台分享机制是中级裂变的通用模式机制，过程中根据你产品的属性进行利益机制设计，让每一个消费者变成你的合作伙伴，微商就是个例子。

研究利益的分配、平台的功能、分享的机制，将其各种各样的玩法进行结合，就能创新。

高级裂变是将以上模式打包、平台化。

当我们拥有一套模式的时候，我们可以将其放大复制，如何一年开3000家分店，类似这种案例都是高级裂变模式衍生而来的。将一套成型的经营模式准确完整地复制、再复制，然后进行招商、找合伙人、不断孵化，裂变就持续下去了。

7. 内部创业模式

内部创业就是有创意的员工在企业的支持下开展某项业务和工作项目。从表面来看，企业是在用自己的资源成全别人，但是事实上，员工进行内部创业，最终受益的是企业——内部创业不仅可以满足优秀员工自己当老板的愿望，还可以推动企业实现安定化运作。同时通过对员工授权，可以减轻企业负责人的负担，员工的创业也可以为企业的发展带来新的发展思路。由此可见，不管是员工还是企业，都可以从内部创业中受益。

对员工来说，与其从公司出来自己创业，不如充分利用公司拥有的资源、优势进行内部创业，更快地实现自己的人生价值。

员工由于已经在公司成长过一段时间，对公司的发展状况和环境比较熟悉，在内部创业的过程中可以更合理、更恰当地运用企业的资源，也可以将更多的注意力放在开发新市场和新领域上。如果企业对于员工的内部创业是持积极态度的，并为其营造宽松的创业环境，即使员工创业失败，也有企业来支持，可以减轻员工所要承担的责任。这样，员工心理压力小了，更能放心地去创业，同时也可以增强员工创业的信心，提高其创业的成功率。

对企业而言，建立一套合理的内部创业机制，可以帮助优秀员工创业成功，为企业留住这些员工，使之继续为企业的发展贡献力量。同时，在内部创业的推动下，企业也可以创新经营方式，拓展市场范围，推动企业更长远地发展。

此外，构建成熟的内部创业体系，也可以在员工内部创业的过程中发现体系中存在的缺点和不足，及时地进行反思，从而有效地修正，探索出一条更佳的发展之路，确保企业在未来的发展过程中拥有可持续性。

内部创业体系是推动企业构建和形成优秀组织架构的重要武器，同时也是企业保持鲜活生命力的重要源泉。

对于实际的操作和运行，有 6 种内部创业的操作模式可供企业参考。

模式一：阶段管理

代表企业为柯达。2012 年 1 月在纽约南部的地区法院，柯达公司正式申请破产保护。这家诞生于 1881 年，辉煌了一百多年的公司——柯达，终究还是没能抵挡住互联网时代数字化的洪流。柯达公司在 2013 年 9 月摆脱了遗留债务重组之后走上了一条 ins 风格的“网红”路。柯达内部创业体系的特色在于其对创新进行阶段式管理。员工提出的各种各样的创意可能与公司主营的业务相关，也可能不相关，但是在这种创业体系中，与公司主营业务不相关的创新提议中大概 10% 的提议可以获得新业务开发部门高达 25 万美元的资金支持。而这一阶段的创新提议可以说是处于创业设想的开发阶段，创业设想提出人可以利用 20% 的工作时间来完善和实现这一设想。

柯达技术公司扮演着两种角色，一种是控股公司的角色，另一种则是风险投资公司的角色。如果员工的创业项目能够顺利运转，在发展几年之后，项目就可以独立出来，或者公开上市，或者选择转让，以实现资本的转化和增值。

在这种模式下，创新提议在不同的发展阶段需要的资源和外部条件也是不同的，内部创业同样也遵循这样的规律，在不同的发展阶段会有不同的运作流程。

就是在这样的内部创业模式下，柯达公司卖起了 T 恤、帽子，甚至是手机等各类产品，突破了产业的边界。

模式二：先庇护，后放手

代表企业为宏碁。宏碁集团是全球第四大个人电脑品牌，旗下有 36 个子公司。各个子公司之间独立，拥有高度的自治权，同时也存在一些竞争。宏碁集团为在公司工作 5 年以上的员工提供了更多的发展机会和更大的舞台，其内部创业机制鼓励员工积极发挥自身的创造力。当有工作项目的时候，宏碁鼓励员工参与内部的竞标，通过竞标成为项目的负责人，监督整个项目的运作。

宏碁集团采用的是多元化的经营模式，以相互关联的事业体渐进共生的方式推动企业的多元化发展。宏碁的内部创业公司与母公司有着密切的联系，在创业的过程中需要充分利用母公司在渠道、人才、技术等方面的优势条件。

模式三：转为代理商或外包服务商

代表企业为华为用友。用友股份有限公司为了鼓励员工进行内部创业，在武汉、温州和合肥三个城市提出了一项“创业计划”，让地区分公司的员工离开公司，转为做代理商。这部分员工在离开公司后可以获得公司相应的资金和产品支持。普通的员工可以获得 8 万元的资助，而经理级别的员工则可以获得 15 万元的资助。

早在 2000 年，华为就曾提出鼓励其老员工进行创业，将公司的非核心业务、餐饮、公交等服务业务以外包的形式外包给老员工。

模式四：商业计划书模式

代表企业为富士通、松下。富士通是全球性的信息通信技术企业，旨在为客户提供全方位的技术产品、解决方案和服务，是享誉全球的 IT 服务公司。富士通在公司内部也鼓励员工创业，并成立了专门的基金，凡是在富士通工作满 3 年的员工，都有资格申请创业基金进行内部创业。有创业愿望的员工需要递交创业计划书，公司会每半年组织一次考核活动，考核员工及他的创业是否满足两项标准：一是员工个人具备创业的资质和素质；二是员工创业的领域是否有发展前景，在将来能否获得比较稳定的收益，同时还要考察其创业计划书的切实可行性。

富士通还成立了专门的创业评定机构，那些通过评定被选拔出来的员工会获得相应的创业基金。富士通会将基金以入股的形式交给员工，并联合使用员工的智力和技术创办新公司。一般情况下，富士通在新公司不会占有超过总数的 50% 的股份。员工在自行创业之后会解除与公司的雇佣关系，但是在创业过程中还可以获得来自公司的业务、技术以及资源等方面的支持和帮助。

松下为了鼓励员工进行内部创业，专门设立了公司创业基金。员工如果要创业，需要递交商业计划书。公司每年都会组织三次海选活动，通过海选的商业计划书构思者还需经过半年的面试、筛选、培训和考察。

模式五：公司风险投资模式

代表企业为壳牌、英特尔。互联网的发展掀起了一股风险投资的热潮，而这一股热潮也到了创业领域，成为众多企业创业的首选模式之一。英特尔、诺基亚等企业纷纷成立了风险投资公司或机构，为公司项目和创业项目的开展提供了更多的支持和帮助。实际操作过程中，风险投资机构最常见的功能就是对资源进行整合，不仅支持公司外部的项目发展，同时也支持公司内的部门或创业活动。

模式六：15% 模式

代表企业为 3M、Google。在 3M 公司内部流行着一条著名的 15% 定律，即允许和鼓励技术人员将 15% 的工作时间投入日常工作以外的新领域项目的研究和开发中去。公司的高层还会为员工排除其在创新和创业过程中面临的来自公司内部的重重阻力。3M 致力于让每一位员工都可以成为创造者和发明者，并在公司营造一种创新的氛围，使创新成为一种传统。3M 在发展过程中一直在践行着这些理念。

较于拥有百年发展史的 3M 公司，Google 是一家非常年轻的公司，它在公司内部运作的过程中也如法炮制，鼓励员工进行创业活动，只不过其政策更为宽松。Google 员工可以利用其 20% 的自由工作时间参与 Top 100 中任何一个其感兴趣的项目工作。Top 100 是由 Google 设立的一个可以随时变动的项目列表，列表上面的创意项目都来自“想法邮递列表”。当员工有创意灵感的时候，可以将其写在这个列表上，其他的员工可以对这些创意项目发表意见，提出想法，并相应地投票，选出最可行的创意项目。

8. 阿米巴模式

阿米巴经营是指将组织分成小的集团，通过与市场直接联系的独立核算制进行运营，培养具有管理意识的领导，让全体员工参与经营管理，从而实现“全员参与”的经营模式。这种经营模式是日本京瓷集团自主创造的独特的经营管理模式。在京瓷公司成立 4 年后的 1964 年，为了保持公司的发展活力，日本著名实业家稻盛和夫独创阿米巴经营模式。

举个例子，比如某陶瓷产品制作有混合、成型、烧结、精加工四道工序，就将这四道工序分成四个“阿米巴”。每个“阿米巴”都像一个小企业，都有经营者，都有销售额、成本和利润。阿米巴经营不仅考核每个“阿米巴”的领导人，而且考核每个“阿米巴”人员每小时产生的附加价值。这样就可以真正落实“全员参与”的方针，就是发挥企业每一位员工的积极性、创造力与潜能，把企业经营得有声有色。另外，“阿米巴”可以随环境变化而“变形”，即具有适应环境的灵活性。

“阿米巴”在拉丁语中是单个原生体的意思，其身体赤裸而柔软，可以向各个方向伸出伪足，使形体变化不定，故而得名“变形虫”。变形虫最大的特点是能够随外界环境的变化而变化，不断地进行自我调整来适应所面临的生存环境。

日本京瓷公司就以其“变形虫式管理”闻名。该公司成立时间短，规模也比较小，但其收入增长速度和赢利却高得多。京瓷公司刚成立时向松下电子提供显像管零件U型绝缘体。松下电子对供应商的要求是极为苛刻的，不论是哪一家供应商，他们每年都会提出降价要求。最后稻盛和夫总结出：要得到订单，就必须扛住市场价格，不断地降低成本，需要比其他公司原料的价格少两元钱，京瓷公司通过努力不断实现稻盛和夫提出“要以最低的成本获得最大利润”的要求。稻盛和夫要让京瓷成为一个获利率极高的公司。

为了强化员工的成本意识，京瓷形成了一套“变形虫经营”的管理方式。虽然与其他公司一样，京瓷也有部、课、系、班的组织设计，但是，京瓷却由“变形虫”的最小组织单位构成。“变形虫小组”是其独立的核算单位，公司使各“变形虫小组”之间形成竞争，这是京瓷的一大特色。京瓷的万余名员工分别从属于1000个变形虫小组。每个变形虫小组平均由12~13人组成，但是，由于不同的工作对人员的需要不同，人数多的小组成员50人左右，而少的只有两三个人。

具体的工作方式为每个小组独立计算原料采购费、设备折旧费、消耗费、房租等各项费用，再利用营业额和利润求出“单位时间的附加价值”。

在公司内部，小组采购半成品按一般的市场价格支付，向下一小组出售也按市场价格进行。这样，每个小组就可以为下一小组的销售计算出自己的营业额，按照各种费用的累加计算出成本，求出利润。

通过“变形虫式管理”，京瓷成为利润显赫的大公司。

阿米巴经营的前提条件有两个。

第一，企业经营者具有人格魅力。经营者必须具有“追求全体员工物质和精神两方面幸福，并为社会做贡献”的明确信念。领导人的公平无私是员工调动积极性的最大动力，也是实施阿米巴经营的首要前提条件。

第二，“哲学共有”。稻盛和夫的经营哲学里有“以心为本的经营”、“伙伴式经营”、“玻璃般透明的经营”以及“动机至善、私心了无”等内容。各个“阿米巴”，以及“阿米巴”内部的每一位成员，在为自己和自己的“阿米巴”业绩考虑时，如果缺乏为别人，为别的“阿米巴”以及为企业整体着想的“利他之心”，“阿米巴经营”将难以推行。换句话说，在运用“阿米巴经营”的管理手法时，需要协调利己和利他、协调部门利益和整体利益的方法，需要“作为人，何谓正确”这种高层次的哲学。

“变形虫式管理”过程中的要点是：每个“变形虫”小组成员的工资不与附加利润挂钩，奖金部分与附加利润挂钩，对表现好的小组的奖励以给予荣誉为主；小组划分要明确、合理，小组负责人权责要分明；各项评估指标要以附加价值为中心，各小组目标要量化，根据完成目标情况评价小组负责人和小组成员的表现，并用数据表现出来；有一套合理、公正、客观并相对固定的人员流动制度，根据评价数据和制度使人员进行流动；各项指标同时作为公司人员雇用、设备购置、战略部署的重要依据；每个利润部门都要划分成一个至多个“变形虫小组”，如果一个部门有两个小组，那么这两个小组必须在业务上不存在竞争。

9. 混合型组织模式

随着越来越多的纯粹非营利组织和单纯商业企业打破价值边界，传统二元极端式的组织边界逐步寻求混合，处于二者之间的中间组织形态即混合型组织形态日益盛行。从组织运行环境角度来看，新一轮数字智能技术深刻改变了组织的运营管理环境，组织所处的竞争场域以及竞争逻辑也产生深刻的改变。

混合型组织模式是指通过更多权力的下放，一方面，充分发挥人力资本的潜能，调动员工的积极性，鼓励创新；另一方面，重要的战略计划制订和重大决策权越来越集中于公司总部，这样形成高度集权和高度分权相结合的混合型组织。

进入 21 世纪，商业社会化趋势越来越强，传统的商业组织逐步寻求市场竞争的社会嵌入，尝试将组织的业务运营与社会性诉求有效结合，形成涵盖经济与社会多元利益相关方的社会性网络。非营利组织的职业化和商业企业更高的伦理标准要求共同驱动进行所谓的“混合化运动”，结果是不仅经济变成混合经济，而且组织也被混合化。

混合型组织形态本质上是一种混合多种相互竞争的组织核心元素、跨越不同制度领域边界、兼具多种组织特征的新组织形态。

混合型组织模式的特征是多维度、多元素组合，这意味着混合型组织不是一个特定的“点”，而是处于一定范围之中的区域。

当前数字化情境下的数字可持续创业组织、平台组织的企业成为实现经济与社会价值相互兼容的全新组织，这为混合型组织生成与演化提供了新的发展道路。

苹果电脑采用的就是混合型的组织结构。在乔布斯的领导下，苹果公司已经在很大程度上发展成一个强调新产品开发的机动型组织，而继任CEO约翰·斯加利显然感觉有必要放缓创新，于是将更多的注意力放在生产和分销的效率上。于是，苹果分公司的每一名员工的职责范围内容也是混合型的：由于销售部门有一个精力充沛的领导，他在这个领域是创业型；在市场营销和培训领域成了专家型，反映他在这些领域的专业技能；在新的风险投资单元成了机动型。

采用直线职能制、事业部制和母子公司制相结合的混合型组织结构，可克服单一组织机构模型的缺点，发挥各种组织结构的优点。但是，混合型组织结构的不可控性很高，企业应该谨慎使用。

简而言之，混合型组织模式就是指将两种或三种组织结构结合起来设置分部而形成组织结构的组织模式。

混合型组织模式还可以看作是矩阵形组织结构和业务单元形组织结构结合的模式。使用这种组织模式，企业不仅可以根据产品、客户、市场的不同，设置一系列相对独立的业务单元，而且在设计中往往将一些共用的职能(如客户服务、采购、人事、财务、广告等部门)集中，由上级直接委派以辅助和协调，做到资源共享。混合结构旨在发挥某些职能部门的专长，使这些职能部门的作用得到加强。

混合型组织结构的优、缺点明显：优点是有利于企业根据特殊需要和业务重点，选择、采用不同的组织结构，灵活性强，且可以根据外部环境和业务活动的变化及时进行调整。其缺点是组织结构不规范，容易造成管理上的混乱；所设各部门差异很大，不利于协调与合作，也不利于在全球树立完整的公司形象。

当下，混合型组织模式的管理策略主要有以下三个。

第一，充分授权，明确事业部的自主权。业务单元是企业内部分权管理的二级组织结构，设置的实质目的是集权和分权的合理平衡。对业务单元的控制要通过集权；对分权进行适当监督和制约，减少分权带来的弊端；增强业务单元的自主权，从而增强它们的竞争优势。

第二，严格考核，注重业务单元的绩效。业务单元是企业的利润中心，必须注重对业务单元销售收入、增长率、市场份额和利润等的考核。考核的目的是促使业务单元积极扩张，同时兼顾效益和资产责任。

第三，从人员和财务管理方面控制业务单元。

各业务单元的高层管理岗位人员应由总部公司直接任免，各业务单元的高层管理岗位人员应当是值得企业信任的、德才兼备的高级管理人才。

值得注意的是，对业务单元的财务控制主要集中在以下几方面：预算控制——依据预算对业务单元的收支进行总量控制；融资控制——公司统一融资，实行业务单元对资金有偿占用；现金控制——实行对现金集中管理，业务单元对自己的现金流量平衡、利润控制负责——业务单元的全部利润依据公司战略和目标统一分配。

第四章

冲破旧藩篱：无边界组织的典型特征

1. 纵向关系：打破层级界限

所谓无边界组织，是指边界不由某种预先设定的结构所限定或定义的组织。通常有横向、纵向和外部边界三种。横向边界是由工作专门化和部门化形成的，纵向边界是由于组织层级产生的，外部边界是组织与其客户、供应商等之间形成的隔墙。

美国通用电气公司前任董事会主席杰克·韦尔奇首先使用了“无边界组织”这一术语。韦尔奇力求取消公司内部的横向和纵向边界，并打破公司与客户和供应商之间存在的外部边界障碍。在今天外部环境是动态的环境下，组织为了更有效地运营，就必须保持灵活性和非结构化。为此，无边界组织力图取消指挥链，保持合适的管理幅度，以被授权的团队取代部门。

那么，如何实现无边界的组织设计呢？管理者可以通过采用组织跨职能团队以及围绕工作流程而不是职能部门组织相关的工作活动等方式，以取消组织的横向边界；通过运用组成跨层级团队或参与式决策等手段，取消组织的纵向边界，使组织结构扁平化；通过与供应商建立战略联盟等，取消组织的外部边界。

韦尔奇强调无边界组织应该将各个职能部门之间的障碍全部消除，使工程、生产、营销，以及其他部门之间能够自由沟通，工作及工作程序和进程完全透明。

在无边界组织中，就纵向关系而言，各个层次及各种头衔之间的界限已经打破，垂直上下级之间的界限不再僵硬难破，而是变得有弹性、可渗透，从而有助于更快、更好地决策和行动，也有助于组织方便地从各层次人员之处获得知识信息和创新产品。

纵向关系的决策速度特征表现为：大多数决定由那些最接近客户的人现场做出，不过这些决定一般只生效数小时而不是数星期、数月，可以随时根据变化灵活机动地改进。

纵向关系的工作责任广泛特征表现为：各级管理者不但肩负日常的一线管理责任，而且承担着更为广泛的战略责任。

纵向关系的共同工作特征表现为：关键问题由多层次的团队共同解决，其成员的努力不再受组织中的级别限制。

纵向关系的跨层次解决问题特征表现为：针对要解决的问题，跨层次通过头脑风暴法来发掘新思路，并现场决策，不再来回地申报审批。

无边界组织是相对于有边界组织而言的。有边界组织的传统金字塔式的层级组织一个的重要特征是边界界定。在这种组织中，任何单位和部门的职责界限划定完全是为了保证组织的稳定与秩序。并且为了加强这种稳定和秩序，还形成了一系列控制手段，一旦发现有谁的行为表现超越边界，就有来自各方面的强制力量把他逼回到边界圈定的框框之内。

企业维持这种僵化的边界，是资本作为企业发展主导资源时的普遍选择。在这种状况下，资本是企业拥有最高权力的代表，产品仅仅是它实现价值增值的一个工具。资本家作为人格化的资本，更多的是关注怎么样把员工控制住，使之不越雷池半步。这时的组织不得不用僵化的边界约束来控制员工的行为。

而无边界组织强调各个单位、部门和岗位人员，在履行自己所承担的相应职责的基础上，还要对整个组织目标的实现不同程度地承担职责，包括协助支持其他单位、部门和岗位人员完成他们感到困难的职责工作，甚至当其他单位、部门和岗位人员不能及时有效地承担责任时，直接顶上，以保证组织目标的实现。

无边界组织的出现与发展，是伴随企业发展主导资源的变化而发生的一种企业组织变化。它是人力资源成为企业主导资源之后必需的一种选择。企业的各个单位、部门和岗位人员对于企业的发展有共同的目标，正是这种共同的目标使这种无边界组织能够有较高的效益。

当人力资源成为企业发展的主导资源，企业发展与员工发展就直接形成了一种相互依存的关联关系，二者都需要通过对方的发展来实现自身的发展。这就使僵死的边界控制成为多余。

2. 横向关系：打破领地界限

就横向关系而言，无边界组织各职能部门不再有自己独立的山头，部门相互渗透，有关领地管辖的争执被怎样才能最大限度地满足客户需求的探讨替代。

无边界组织横向关系的产品开发和服务速度特征为：新产品或服务推向市场的速度越来越快，一发掘出价值，就以最快的速度呈献给客户。

横向关系的资源使用不受限制特征表现为：各种资源的占有方面已打破单位、部门的块块分割，能够根据需要使资源无阻碍、快速、频繁地在专家和操作部门之间流转。

横向关系的整合程度特征表现为：日常工作可通过流水作业的团队予以解决完成，非常规性工作由从响应单位和部门抽调人员构成的项目组来处理。

横向关系的创新特征为：经常举办感兴趣的人自主参加的跨单位、跨部门，甚至是跨企业的专题研讨会、报告会，或问题攻关小组活动，以横向的形式自发地去探索新主意、新思路、新技术和新方法。

对于无边界组织的建设，通用电气公司强调的一个关键点是，要大公司像小公司一样运作。因为小公司发展为大公司之后，官僚主义就会泛滥起来，每个人都只是按照所在等级层级组织所限定的职责进行活动，并不关注企业的整体目标。每个人都只是为了履行自己的职责而履行职责，不知道履行这种职责所服务的最终目标是什么，因而也就不会根据服务的最终目标来灵活地调整自己的职责内容和履行方式。一个企业如果处于这样一种状态，企业的效益就必然会大幅度地降低，无法灵活地协调内部关系以适应外部环境的变化。如果这样运行，企业就会变成一个行动迟缓、生命力低下的庞然大物，一旦遇到外部环境的突然变化，只能坐以待毙。

建立无边界组织绝不是要完全否定企业组织必有的控制手段，因为凡是一个组织，稳定和有秩序是其存在的前提，所以有必要借助使用一些控制手段来保证这种稳定和有秩序。

3. 外部关系：共创共享共赢

就企业与外部供应商、客户的关系而言，通过谈判、争吵、施加高压、封锁信息，甚至相互拼斗的生意人之间的关系，在无边界组织中，已经转化为一种共创、共享、互利、双赢的价值链关系。最终彼此成为一个战壕里的战友，高效的创新方式一经发现，就可以很快被引入企业价值链中来，为大家所共享。无边界组织最终将直接无偿地投资与支持供应商和经销商，这开始成为一种高效的方式。企业联盟不仅是一种战略，而且会成为一种价值观念。

企业联盟，是指企业个体与个体在考虑策略目标的前提下结成盟友，自主地进行互补性资源交换，各自达成产品阶段性的目标，最后获得长期的市场竞争优势，并形成一个正式而持续的关系。著名的企业联盟有 CEO 商业互惠联盟。CEO 商业互惠联盟是由中国各行各业的 CEO、高管和职业经理人等共同发起成立，盛富资本与商业地产运营商协同国际企业港共同管理的商业交流机构。

管理学大师彼得·德鲁克曾经说过："企业的目的是创造顾客价值。企业作为社会的器官，其存在的意义正是为顾客创造价值，从而满足人类生存所需的个性化需求，提高人类生活品质，而企业的盈利正是为顾客创造价值的结果，同时也是持续为顾客创造价值的前提与基础保障。"

无边界组织的外部关系总结起来就是六个字：共创共赢共享，即"事业共创、业绩共赢、成果共享"。

事业共创，就是聚集志同道合的合作伙伴，共创行业的优质品牌。宋代陈亮的《与吕伯恭正字书》之二中说："天下事常出于人意料之外，志同道合，便能引其类。"志同道合，指的是人与人彼此志向、志趣相同，怀着共同的理想，信念契合，为了共同的事业，朝着共同的目标，携手并肩，以期获得成功，有所成就。

共创有利于创建健康发展的良好行业环境，共创有助于企业持续发展的机制。行业伙伴能否持续合作，很大程度上取决于是否有一个良好的机制。

业绩共赢，才能实现协同发展。合作是在追求共同价值观、共赢的基础之上，促进社会财富的增长的长久的持续合作。业绩共赢是以市场需求为中心，以彼此利益共存为基础，事关企业的兴衰成败。

成果共享，才能确保稳定、持续地增长。共创是共享的物质保障，共享是共创的价值前提。没有共享的共创是不可持续的，没有共创的共享则是十分虚妄的。在共创的活动中实现共赢，在共赢的基础上达到共享，在共享目标下推进共创，这才是合作的真正含义。

共享包括资源共享，每个行业都有独特的行业优势和资源优势，资源共享才能共同发展；还包括经营成果共享，经济学研究发现“人们奋斗所争取的一切都与利益有关”，因此可以说，寻求和享用利益是一切人类社会活动的根本动因；我们必须认识到，经营成果共享是行业发展和社会和谐的重要基础。

总之，无边界组织与外部关系只有达到“共创共赢共享”，才能真正实现企业的长久发展。

4. 打破地点、文化和市场边界

无边界组织的发展，使得企业的地点、文化和市场边界逐渐被打破。

过于强调国民的自尊心、地域间的文化差异和市场的特殊性，往往将创新和效益孤立起来，并导致总部与工厂、销售市场的分离和矛盾，已经不适应全球化统一市场的企业经营和发展。人才、资金、材料供给已全面向本地化方向发展。无边界组织的发展使得将跨国企业定义为某国某地的企业已不再有任何意义。在何处经营，在何处纳税，也就是何处的“公民”。

无边界竞争时代催生无边界管理。无边界管理原理的产生是受生物学的启发，这种原理认为企业组织就像生物有机体一样，存在各种隔膜使之具有外形或边界。虽然生物体的这些隔膜有完整和足够的结构和强度，但是并不妨碍食物、血液、氧气、化学物质畅通无阻地穿过。

互联网时代的企业要想保持灵活，必须使内部的组织管理打开边界，打碎某些关节，提升资源流通能力、交易层次，扩大范围，打破地点、文化和市场边界，颠覆传统的组织架构和管理流程，使资源配置效率最大化。

举个例子，海尔把销售环节、研发环节打成碎片，弃用原来的组织方式，做聚合业务的自主经营体。每个环节的参与者在这里都是平台玩家，而海尔则进化成为平台的组织者，构建按单聚散的平台型人力资源体系。在项目确定之后，根据项目目标召集最好的员工组成项目团队。这些资源可能是海尔内部的，也可能是海尔外部的。

项目结束后，新的项目成立时，根据新项目需要重新聚集相关资源。海尔自主经营体实行“竞单上岗，官兵互选”的机制。每个员工都能公平竞争经营体长，竞聘成功后如果不能带领团队实现目标，经营体员工可以把经营体长撤下来。通过这些方式，部门之间、管理者与员工之间的界限被打破，按照提升效率的原则去灵活配置资源。

张瑞敏说，世界是海尔的研发部、人力资源部，这是因为海尔变成了一个“平台＋创客＋消费者”的产业综合体。

网络化的组织结构是全方位和无边界发展的必然结果，同时又与组织扁平化相辅相成。网络化初期也表现为外部网络化和内部网络化，而真正成熟的网络化是内外部打通的无边界的网络化。

这个道理跟跳高一样，每个动作都有局限，在现代的条件下，用原来的模式经营效率会很低，用传统的组织方式组织资源成本非常高。从产业链一体化到后来的平台、生态的碎片化、个性化，产生很多机会，创新就变得外部化、分散化、独立化。

十年前，商业模式创新还是一个相对封闭的企业内部的课题，只强调单个企业资源创新，然后创造价值。而今天，商业模式的创新不再局限于企业内部，任何一个企业在进行商业模式设计的时候都必须打破企业边界，将目光投注于企业外部的利益相关者。

所有企业的价值实现都依赖于商业路径的重新设计和组织结构与合作关系的不断优化。没有最成功的商业模式，只有最契合时代的商业模式。当然在进化中要始终坚守为用户创造价值的初衷，坚持和谐共赢。不管世界和时代如何变幻，那些商业价值观不会变。

5. 无边界组织速度特征

在市场经济条件下，企业的竞争将是基于核心能力的竞争，没有核心能力或者未能发展出核心能力的企业将在整个价值链上无立足之地。要求企业管理者对于市场需求有敏锐的感知，具备快速的反应能力；从组织层面保证外部信息得到有效的传递和沟通，资源在企业内部通转顺畅，从而保证企业能够及时了解市场，抓住市场需求和满足需求，实现它存在的价值。

同时，企业外部环境的深刻变化也是引起企业向无边界化方向发展的一个重要外因。数字科技和知识为主导的全球经济环境背景下，消费者需求模式的改变、经济全球化以及科学技术的迅猛发展使组织环境更为复杂、多变、不确定。由此，组织成功的关键因素已经由原来的规模化、职责清晰、专门化和有限控制，转换为快速、弹性、整合和创新。虽然短期内企业仍旧有可能利用“隔离机制”的存在，使得核心能力难以被复制，从而令企业能保持对于市场的能力优势。但是在长期内，知识的扩散会使企业核心能力的异质性降低，导致其核心能力朝一般化的方向发展。随着其他企业的模仿和复制，以往那些建立在隐性知识基础上的并且不能复制的能力也变得大众化，企业的核心能力发展出现逐渐消退的趋势。而且在数字科技和知识为主导的全球经济环境中，知识扩散的速度和效率已经得到了极大的提高，从而核心能力具备的相对竞争优势保持的时间也越来越短。

环境的快速变化对企业保持、开发，提高其核心能力提出了新的挑战和要求。今天还在其中竞争的行业可能明天一早已经不存在了。今天公司独特的做法明天可能就成了行业的标准。公司有目的地发展出来的能力也许在形成之后已经落后，无法跟上时代的步伐。新的环境中，组织成功的关键要素已经变了，有时这些变化甚至是根本性的和颠覆性的。高度不确定的环境必然要求具备团队精神、参与和赋权的有机组织结构形式，必然要求高度差异化的部门、大量的边界扩展和许多整合的职位。这样才能使得组织的能力边界和实际边界保持很好的匹配，从而实现资源配置效率的最高，实现企业运转的经济有效，保证企业的核心能力得到体现。

而无边界组织正因为具备较强的学习能力、快速反应能力，对于客户和合作伙伴的要求和投诉，能快速采取措施，并适时答复，最好的经验得以在广大的范围内传播，甚至直接跨地区、跨国界地传播。这样的速度才能保证企业对于市场需求不迟钝，保证组织资源使用的效率，从而让企业对于快速变化的环境具备更强的适应性。这些都从根本上保证了企业运作的经济有效，不会使得企业成为无本之木。

6. 无边界组织弹性特征

说弹性之前，先了解下什么是组织的边界。一般来说，组织的边界有四种：垂直边界、水平边界、外部边界、地理边界，通过分析改造这四类边界将有助于我们的组织趋近于“无边界”。

垂直边界是企业内部的层级的边界。组织层级越高、权力越大，你可以根据一线管理者与其他高层管理者之间的层级数量判断垂直边界的密度。然而无边界组织关注的是谁更有出色的创意，而不是谁更有权力。好的创意可以来源于任何人。这种组织不会试图消灭所有的等级，那会导致一片混乱，但这种可穿透的边界可以让更负责的个体更出色、更迅速地做出决策。

水平边界存在于不同的职能之间。如果说垂直边界是楼房的天花板和底板，那水平边界就是房间和房间之间的墙壁——不同部门、单位和职能之间的分界线。简言之，水平边界是组织内部划分势力范围的手段。一旦水平边界变得牢固，每个人就会保护自己的利益和资源，人们会花更多的时间保护自己的权利和资源，而不是去创造条件让客户满意。

外部边界存在于企业和外部企业之间。垂直边界和水平边界好比房屋的“天花板、地板、内墙”，外部边界不仅指房子的“外墙”，也包括房屋所处的“社区”。传统企业与外部组织之间有很明显的界限，这些界限有些是法律上的，但很多是心理上的。比如身份的差异、战略的优越性以及文化，于是商业上就出现了讨价还价、采用压迫策略以及封锁信息等。放松内部边界管理的目的是建立一个能够灵活快速响应客户、满足客户的组织；放松外部边界的目的是提升组织以及组织所在价值链的总体价值，以给最终用户提供产品或服务。

地理边界存在于企业在不同的市场或国家经营的情况下。这种边界往往源于民族文化差异、市场特性或全球物流的边界。但这一边界由于劳动力市场、信息技术等的发展正在逐渐消失，各企业都在打造一个全球性的品牌。企业一般可以从文化融合、价值观与原则建立、经营体系（如合资经营）、全球性的会议和同事关系这些内容出发去跨越地理边界。

那么，为什么要建立无边界组织？

组织会有边界，无边界组织则是要破除边界，正如韦尔奇所说：“当我们谈到组织的横向、纵向、外部的、地理的边界时，不再像之前受到各种既定的结构限制，而是更加有弹性和灵活性。”

所以无边界组织的目的就是让企业变得“更加有弹性和灵活”。因此，无边界组织打破了一切可能打破的壁垒，其边界是有机的、动态的，具有弹性和可穿透性。这样的组织就像我们在科幻电影里看到的变形金刚，乃至我们在古代神话里看到的孙悟空，有多种变化。而在这个时代，这个“互联网 +”的时代，也正因为它具备这样的弹性，才有可能在万变的商海中乘风破浪，立于不败之地。

7. 无边界组织整合特征

在“互联网 +”时代，成千上万的 .com 公司粉墨登场，它们共同宣告着一个新组织时代的到来。维基时代、虚拟组织、创客时代、联盟关系，这些定义不断被发明。谁能够做到无边界并整合组织外部信息、资源，谁就能够快速抢占先机，获得红利。然而，理想很丰满，现实却很骨感。组织没有底线地去整合，可能会导致组织的瓦解和不复存在；组织的边界过于封闭，不能使创意、信息等资源穿透进来，组织又将不能发展。

组织边界不是一堵看得见的墙，垒砌则有，推倒全无。它应该像生物体的外轮廓，既能维持自身的形状、阻挡外部冲击，又能使食物、养料甚至一些化学成分不受阻挠地穿透。

无边界组织也一样，应能够让信息、资源、创意轻松地穿透自己的边界进入组织，又能保持领导者、员工、供应商之间的差别。就像一个生物体不断生长一样，组织也通过与外界的不断交换获得发展和成长。随着时间的推移和外部环境的变化，组织边界和轮廓变化的核心就是不断寻找在新商业环境中边界的平衡位置。

事实上，有关组织结构集中化与分散化的争论从未停息。这一两难问题的实质就是一个组织怎样才能在控制和整合不同业务的同时，又容许它们保持独立经营的完整性和功能性。

然而“应该集中化还是应该分散化”本身就是一个错误的问题，所以答案也就永远不可能正确。组织不应该试图为一个基本的结构难题寻找解决方案，而应该认真地想一想，要怎样来穿透水平边界，进而改善速度、灵活性，实现整合与创新。

当组织被视为一个由共享资源组成的整体时，集中化与分散化之争中有关权力、势力和优先顺序的结构性问题就不复存在了。共享资源时关心的不是哪一种水平职能能够掌握调动资源的权力，而是组织怎样才能利用流程来调动资源、解决问题、满足客户的需要。

那么，当组织致力于穿透水平边界、整合共享资源时，需要牢记如下五个关键的原则：

坚持以客户为中心；

以一种形象面对客户；

为服务于客户而组建和重组团队；

建立稳定的人才储备；

跨客户团队分享知识。

任何新形式或新流程的使用都不会一帆风顺，修正混乱的水平边界也不例外。思维模式可能是成功改造水平边界的最大障碍。处于封闭职能圈子中的人们需要知道，当他们的圈子打开甚至消失时将大为不同。

无边界组织最终会产生更强烈的团队认同。当组织没有边界时，大家认同的广度会更高。以前，可能是对某个主管或某个团队产生认同，但无边界下，可以对整个组织产生认同。这是属于文化上的价值。当这些最终被整合统一之后，无边界组织的效用才能真正得以发挥。

8. 无边界组织创新特征

无边界组织富于弹性，非常灵活，能够降低组织沟通的难度。之前很多组织都存在“部门墙”，每个部门都有自己的想法，沟通难度大，导致决策难度大。而无边界组织会创造出更快的沟通和决策模式。这是在管理上的收益。同时，当我们和外部的人，比如供应商、渠道商对接时，因为组织内的“部门墙”不存在了，可以创造出更好的商业模式和利益分享机制。

无边界组织产生之后，向产业集群化发展。对于产业集群内部的企业而言，它们面临两种环境，一是产业集群内部的环境，包括集群内企业之间的关系、企业与其他相关机构的关系以及企业面临的集群制度环境；二是产业集群的外部环境，这涉及外部的市场环境、制度环境及与其他经济行为主体的联结关系等。为适应产业集群内部环境和外部环境，无边界组织在某种程度上以不动点的形式存在，不再考虑企业内部演化对集群整体的效应，但为适应内部和外部环境，企业必须做出改变。

那么，就要通过企业的无边界治理，促进产业集群的网络组织结构创新，提供集群进行内部环境调整与适应外界环境变化的弹性空间。当然，企业的无边界并非完全没有边界或边界完全可穿透，而是强调企业边界具有足够的渗透性，这就是无边界组织的创新所在。

首先，促成的产业集群的无边界组织，是非一体化合作关系。

一体化即企业形成、边界扩大的过程，与之相对，非一体化过程则是将原属于企业内部的经济外部化为市场交易的过程。事实上，企业作为价格机制的替代物，也是协调资源配置的手段。在产业集群内部，非正式交流更为频繁，从而降低了集群内市场交易的成本，这导致企业规模发展具有变小的趋势。换言之，企业集群所产生的外部规模效应替代了企业扩大的内部规模效应，从而非一体化合作成为产业集群最为突出的组织特征。

无边界组织通过打破企业内部壁垒以提升企业科层组织体系下对于资源的整合能力，避免集群内单个企业规模扩大带来官僚化成本的增加，也给予企业部门以较大的自主权力和灵活权力，从而使得中小企业可以不通过核心企业的官僚高层来交易，而形成层次性的网络组织结构。这就是无边界组织带来的集群内的创新交易。

其次，无边界组织的发展带来了内部的创新性联结。

集群内部各企业关系有别于纯粹市场中企业之间的联结关系，但集群内的每一企业仍然是一个相对独立的组织，企业之间不是通过产权或资本为纽带来集聚，而是以平等的市场交易方式连接的，然而虽然有各自的边界，但整体是统一的，从而具备行动上的默契。此外，集群内部的企业的边界也是可渗透的，这为内部企业有效整合利用资源提供了可能。

产业集群内部行为主体的联结使得集群成为一个有效的整体组织，并与外界有效联结。集群内部的非相关联结形式与紧密程度，也影响着集群对外交往的情况，当集群内企业能够进行管理创新并依赖于产业集群内部的组织网络时，也会使网络组织的边界变得更有弹性。

全球问题的解决，需要的就是创新实现技术突破。

回顾过往，我们发现人类文明史就是一部探索和创新史。当前，创新正在受到挑战，经济增长的动力就在于进行技术创新，降低成本，给消费者带来好处。

创新需要“开窗”，而非“建墙”，人工智能等新技术终会改变人类社会，然而创新之路并非坦途。无边界创新，无论是一个国家，还是一家公司，都是需要的，要想发展好，就要“创新无边界，科学无国界”。创新是引领发展的第一动力，提振经济发展需要科技创新，数字技术、生物技术等给人们带来的机遇远大于挑战。创新需要智慧，更需要开放合作，要大力支持创新发展，支持新技术给人民带来福祉。

历史经验一再证明，面对困难和挑战，唯改革者进，唯创新者强，唯改革创新者胜。中华文明崇尚守正创新、和而不同，既在继承中不断发展，也在交流互鉴中融合创新。大海之阔，非一流之归也。正如格里高利·曼昆在其著作《经济学原理》中所写，实现繁荣并非一个零和博弈，而是能以合作和共赢的精神共同实现。无边界组织的创新亦是如此。

第五章

打造未来型企业：掌握无边界企业的底层逻辑

1. 开创性的平台战略

技术正在改变全球企业的业务模式，创造新的增长机遇，并且促使建立全新的成本和效率基准，我们有了大规模应用AI、自动化、区块链、物联网、5G、云计算和量子计算的能力，使得认知型企业的愿景成为现实。我们可以发现，在这场技术革命在日益虚拟化的世界大背景中，在生态系统、数字化工作流程和网络化组织发挥出越来越大的威力。无边界企业逐渐兴起，在一根价值“金线”的支持下，企业焕发出新的活力，生态系统各部分之间的联系也更加紧密。

开创性是无边界企业的决定性特征。最重要的是，开创性有助于推动业务平台扩展，以便包含更广泛的生态系统。企业不仅认识到结合利用各种平台有助于抢占新市场，还认识到要形成大规模的影响，就必须联合其他有实力的参与者。通过优化平台经济运行、开创连接和无摩擦的互动，无边界企业就能够支持开创性业务平台与生态系统中的所有参与者。

无边界企业的最大战略理念是开创性的平台思维与生态系统概念的结合。无边界企业将生态系统视为战略的核心，借此促进创新、创造以及大幅度提升企业能力。这就要求企业领导层清晰地认识到与其他企业建立战略关系所带来的增长潜力，以及通过统筹协调其他企业希望和需要参与的扩展业务平台获得竞争优势。

开创性的生态系统的开放性有助于扩大其范围，提升价值创造潜力。同时使平台内的实体能够在行业内环境以及新的跨行业组合环境中分享最大的业务成果。借助数字连接、信息共享和新数据组合的强大力量，生态系统与客户及参与者建立联系的潜力得到进一步释放。借助基于开放、安全的标准和软件定义网络的技术架构，这种合作变得越来越简单。

通过结合使用多种应用技术的强大力量，外部化的业务流程和扩展的工作流程形成差异化优势，为所有参与者创造新的市场机遇。我们看到，行业内和跨行业的平台和生态系统可提供单个组织无法提供的解决方案和标准。

那么，究竟什么是平台与生态系统？

平台帮助企业利用以其他方式无法获得（因为规模、成熟度或资本等原因）的资源，从而建立竞争优势，并自行开发更强大的产品。平台可以覆盖单个组织中的多个职能领域、某个行业中的多个组织，或者覆盖多个行业、整个消费者市场或一系列技术。在平台上，所有参与者都为其他参与者提供价值，同时利用网络的优势为自己收获更大的价值。

生态系统的存在是持续合作、共同创造和开放创新的基础。它们使工作关系超越交易或策略层面。在生态系统中，网络参与者的集体智慧、能力和技术被用于增强价值主张和创造更大的价值。生态系统可以促进合作伙伴、供应商、客户和利益相关方之间的合作与信任。在组织内部，生态系统有助于打破“孤岛”，鼓励跨部门协作。

面对这个世界中诸多更严峻的挑战，我们需要这种协作。无论是为了扩大公私合作关系（例如为应对疫情而提供疫苗解决方案），还是协调参与者去推动对气候变化或粮食安全产生可持续的影响，开放、扩展和安全的平台的力量都是显而易见的。

区块链联盟是过去几年出现的一类行业内和跨行业的生态系统活动。他们帮助参与者信任数据、消除成本、提高效率，以及安全地认识整个工作流程中的所有参与者。供应链、溯源和身份等领域首先出现这种应用。可以想象一下，只有结合安全可靠的参与者身份和交易状态识别以及即时的实时同步，才能创造性地促进平台和生态系统的塑造。

作为平台业务模式启动的第一步，许多销售实体产品或提供服务的企业都在创造新的数字体验，以增强原创性。例如，支持实体血液监测的数字服务可以发送警报以触发药理化验。数字解决方案能够显著降低市场门槛，并建立新的成本基准。随着商机不断扩大，由共担运营费用取代高昂的资本支出。自动化和零接触方法进一步增强了这种力量。

2. 扁平化的内部组织

未来型企业将是无边界组织，其管理新常态是无边界、扁平化。社交网络的发展已经深入企业管理的方方面面，甚至颠覆了企业的组织管理，使得企业管理思路向组织无边界化及管理扁平化转变。

社交化颠覆组织向无边界化转变，既有企业内外边界逐渐模糊的趋势，也有企业内部分工界限逐渐模糊的趋势。社交网络使得企业与合作伙伴、客户的关系更紧密，外部资源可以更为轻松地获取，越来越多的工作通过外包整合来完成，企业自身更专注于长板，通过整合多方面的资源来创造价值；内部也可能走出去承接外部的任务，从而与其他企业形成紧密的联系。

企业作为一个开放的平台，其严格意义上的内外界限逐渐模糊。消费者兴趣易变，对服务的要求越来越高，企业内部各职能部门需要越来越紧密地协作和服务于客户，一切以满足客户的要求创造价值为导向，部门逐渐走向整合兼并，内部职能逐渐形成一个大的团队，部门间的界限越来越弱。

社交化颠覆了组织原有的结构，向扁平化转变，包含管理层级扁平化和决策层级扁平化。

网络社交背景下，企业以扁平化的非正式沟通为主要形式，信息传递渠道多样化。这些沟通将员工日常的工作信息更为全面地表达出来，形成一个信息库。一方面，使得各参与者可以方便地进行工作的交流、指导，加快了决策的速度；另一方面，在无形中起到了对员工的监督和员工自我监督作用。这使得员工的自我管理意识加强，另外，主管可监管指导的范围扩大，管理幅度增大。

扁平化要求企业以客户为导向，不能有过多层级进行协调，越来越多的决策权限被下放到与客户接触的一线，整个企业的决策层级减少，决策速度加快。社交化颠覆组织架构的形式，由传统的正三角形转变为倒三角形的组织形式。内部组织结构中以客户为导向、服务于客户的业务团队处于倒三角最上层，数量最多，是服务于客户的接口，也是企业资源的调配者。位于中间的是直接服务于业务团队的内部资源与外部资源一起形成的开放的资源平台，可向内提供服务亦可向外提供服务，形成开放的资源池。位于倒三角最下的是综合性职能平台。作为职能服务平台，为业务发展制定战略、寻找和获取资源，同时为业务团队及资源平台提供综合服务。

扁平化的内部组织改变了原来层级组织结构中的企业上下级组织和领导者之间的纵向联系方式、各平级单位之间的横向联系方式以及组织体与外部各方面的联系方式等，意味着内部管理逐渐对接外部市场，团队各成员以协议结算的方式运作，管理方式更为简单有效。

信息技术的迅速发展是扁平化组织产生的直接原因。面对市场环境的瞬息万变，企业组织必须做出快速反应和迅速决策，以保持企业的竞争优势。因此，组织结构的扁平化无疑增强了组织快速反应的能力。

扁平化组织结构的优点是有利于拉近上下级距离，密切上下级关系，信息纵向流通快、失真少、管理费用低。而且由于管理幅度较大，被管理者有较大的自主性、积极性和满足感，更便于高层领导了解基层情况。主管人员与下属能够结成较大的集体，有利于解决较复杂的问题。

传统意义上的层级结构的组织形式的原理是经典管理理论中的“管理幅度”理论。管理幅度理论认为，一个管理者，由于其精力、知识、能力、经验的限制，所能管理的下属人数是有限的。随着下属人数的增加，可能存在的相互人际关系数将呈指数增加，信息量和管理难度也是如此。当下属人数增加到一定程度时，就越过了管理者所能有效管理的范围。而且越往高层去，一个管理者所能有效管理的下属越少。一般地，基层管理者能有效管理的下属人数不超过 15~20 人，中层管理者能有效管理的下属人数不超过 10 人，高层管理者能有效管理的下属人数不超过 7 人。

当企业或组织的人数确定以后，由于有效管理幅度的限制，就必须增加管理层次，管理层次数与管理幅度成反比。在传统管理模式之下，当组织规模扩大而管理幅度又有其极限时，管理层次就会逐步增加。那些大型跨国公司的员工人数可达几十万人，管理层次就更多了。信息从管理层层层传递，最后传递到最基层的执行者，不但浪费时间，而且传递过程中信息的失真、扭曲不可避免。

未来型企业必须面对外部环境的快速变化，这就要求企业快速应变，具备极强的适应性，而采用管理层次众多的层级结构所缺少的恰恰是一种对变化的快速感应能力和适应性。所以扁平化的内部组织是最有效的解决办法。当企业规模扩大时，管理层次减少而管理幅度增大时，金字塔状的组织形式就被压缩成扁平状的组织形式。

扁平化组织结构跟传统组织结构相比，其优点在于灵活、民主，能减少官僚主义，加强内部沟通，并且有利于调动员工的创造性，能够更加迅速地对包括消费者需求在内的环境变化做出反应。韦尔奇就任通用电气公司 CEO 后，就对通用电气的管理结构进行了大刀阔斧的改革。他上任十年，该公司被裁撤的部门多达 350 余个，管理层级由 12 层锐减至 5 层，副总裁由 130 名缩减至 13 名。通过这一番改革，通用电气的组织结构逐渐扁平化，官僚主义大为减少，灵活性明显提高。

3. 无障碍跨部门协作

之前的企业常见五大协同困境，首先是双赢心困境——代表公司不等于公司代表；投资心困境——短期利益不等于长期利益；同理心困境——想要不等于需要；责任心困境——恪尽职守不等于画地为牢；大局心困境——部门目标不等于公司目标。

在未来型企业——无边界企业之中，将无障碍跨越进行部门协同，消除这五大协同困境。

第一，针对双赢心困境。之前在不少公司，代表公司行使管控职责的职能部门与一线业务部门有矛盾。职能管理部门与业务部门所处位置不同，因而关注的重点也会有所不同。职能管理部门不能真正理解业务需求，从业务发展角度考虑问题，与业务部门达成双赢；业务部门不能从大局出发，从公司总体考虑，与职能管理部门配合，减少风险。两者如能有效地协同起来，就可以扬长避短。

而在未来型的无边界企业中，职能管理部门与业务部门相互学习，深入了解对方的工作和难处，实现友好沟通和合作，在现代市场经济发展的趋势下，以营销为导向，赢利为目标，收款为保障，以平等的姿态与平和的心态无障碍沟通。

第二，针对投资心困境。当然，在公司中，部门应看作小团队，整个公司是大团队。部门的目标往往不是单方面的，而是多角度、多维度的，对于部门自身利益，协作同样非常重要。对于无边界企业而言，公司内团队之间的关系、部门之间的关系是合作。竞争的应用是有边界条件的。当团队缺乏活力时，当团队缺少荣辱感、对完成任务不以为意时，可以通过竞争因素的引入来激活团队。当部门间业务相对独立时，可适度引入竞争因素；而当公司本没有部门之分，为了更好地分工配合，才区分出不同部门，虽然每个部门有不同职责，但部门是手心手背、共生共荣的关系，这个时候就不应当引入竞争。当然，每个部门都有自己的投资心理，都有自己的短期利益，但是短期利益不等于长期利益，无边界企业追求的是长期的利益，所以投资心困境在无边界企业中将被逐渐消除。

第三，针对同理心困境。无边界企业的部门、员工之间，因为有着积极的、共同的目标，因此极具同理心。员工、部门，不仅能够将自己想要的表达清楚，也能够充分理解对方。而在对方提出需求时，也能够主动去了解，找出问题的真正原因，并做出合适的处理。各内部组织能够做到相互理解与帮助，能够确定自己和对方到底需要什么，到底提供怎样的帮助才能够有效地帮助。

第四，针对责任心困境。无边界企业的合作部门、合作的子企业彼此不存在个人恩怨问题，大家都是本能地做出趋利避害的选择，其心理大体是希望通过增加功绩和减少过失来保持、巩固或者增加组织的整体利益。这种心理完全基于整体的利益权衡，所以每个人、每个部门、每个子企业都积极地承担责任，而不像之前那样相互推诿，害怕担负责任。衡量一个企业管理是否有序，就要看明确到部门的事是否做到了；衡量一个企业发展是否有动力，则要看没有明确到部门的事是否做到了。无边界企业中的每个人、每个部门的工作都是无边界的，他们以企业的整体利益为重，积极地去履行自己的责任，自主自觉地“创业”。这个时候，企业的发展就是他们的目标，所以他们极具责任心，无论工作是否明确到个人、明确到部门，只要对企业发展有利，他们都会去做。

第五，针对大局心困境。对于无边界企业来说，其部门的目标不是单一的，而是多角度、多维度的，这些角度和维度内容的总指向是公司总体利益最大化、长远利益最大化。所有的部门、个人都会站到全局的角度来看问题，都具备大局心。

4. 智能化的工作流程

智能化工作流程作为无边界企业的黏合剂，将企业发展的宗旨、目的和价值观结合在一起。工作流程的参与者无论是来自企业内部、合作伙伴还是来自生态系统之外，都需要与企业宗旨、目的和价值观保持一致。

这些工作流程的终极目的是让最终客户体验到集体的价值。新冠病毒疫情让大家进一步认识到扩展的智能化工作流程在快速、大规模提供变革性体验方面的重要性。

扩展的智能化工作流程的有效性取决于所有参与者的速度、准确性和安全性。工作流程的开放性和即插即用的兼容性为价值的创造和扩大使用范围设定了界限。工作流程的范围扩展越智能化，工作流程的客户和参与者之间的端到端联系就越紧密，业务成果也就越显著。通过将范围进一步智能化地扩展到客户、供应商和其他利益相关方，无边界企业的价值潜力就会呈指数级放大。

何为扩展的智能化工作流程？

扩展的智能化工作流程通过优化运营效率、速度和敏捷性，推动业务转型。按照开放的数字标准和协议，连接单个组织中的资源以及不同组织和行业中的资源。依靠数据和可信的混合云访问来推动试验、实时决策以及持续合作。在此过程中，扩展的智能化工作流程促进协作，并大幅提升价值潜力和价值创造能力。

扩展的智能化工作流程能够吸引大量参与者，它们是无边界企业及其相关平台和生态系统的具体体现。通过在扩展的智能化工作流程中应用多种呈指数级发展的技术，以发现改进的机会，有助于推动业务模式转型，让业绩更上一层楼。因此，智能化工作流程决定了现代扩展企业的竞争优势和差异化特点。

除了共同目标保持一致外，智能化工作流程还需要打破“孤岛”结构，在组织内外提供一致的体验。工作流程的有效性，或无边界企业的有效性，取决于每个参与组织和个人的速度、准确性和安全性。

智能化的工作方式、生态系统思维方式和虚拟化方式使得敏捷性成为无边界企业的核心特征。扩展的智能化工作流程已成为转变整个生态系统中体验、信息和关系的机制，能够推动更出色、更迅速完成的试验和决策呈指数级地释放价值。

领先的组织以高速度和高效率为目标，致力于建立经过简化与优化的数字智能化工作流程，利用受保护的数据，无缝实现多对多和端到端的无摩擦连接。这些自动化的工作流程由 AI 驱动，能够平衡连续运营，提高运营效率，以应对客户需求的激增。它们包含预测性智能，如动态客户响应、预防性维护和实时库存状态感知等。这种自动化能力有助于实现数字支持的决策，使企业能够快速确定下一步最佳行动，对其进行优先级排序并提出建议。

智能自动化带来的优势是变革性的。IBM 商业价值研究院最近一项调研中的受访高管表示，智能自动化为企业带来了诸多优势，他们提到最多的是改善客户体验，紧随其后的是效率的提升，然后是降低运营成本以及决策质量的改进，其他优势包括提高可靠性和降低风险。这些优势在疫情暴发前往往被低估，但现在，随着企业需要解决员工队伍混乱、供应链挑战和客户服务中断等问题，其越来越凸显出自身的重要性。

智能化流程、AI、边缘访问甚至量子处理等领域取得前所未有的进步，计算机建模给企业带来了令人欣喜的新发现。这些优势依赖于安全灵活的连通和交互可操作性：一台机器能够轻松连接其他机器和各种呈指数级发展的技术。使用 AI 和机器学习算法变得更加高效，能够帮助企业更轻松地对设备编程、设计创新，以及降低能源需求。

因此，未来型企业的底层逻辑之一就是采用智能化的工作流程，也只有采用智能化的工作流程，才能适应现代技术的高速发展。

以下是优化扩展的智能化工作流程的五步措施。

第一步，定制客户体验。通过打造完全个性化的客户体验，作为所有运营接触点不可分割的一部分，从而推动建立差异化竞争优势。

第二步，重塑跨领域的客户互动方法。在整个组织和平台中获取新洞察，快速大规模地打造变革性的体验。

第三步，建立自我纠正型运营。努力通过自我纠正、自我指导、自我学习，改进运营。将设备和资产与智能连接，以便了解当前状况，不断学习并采取相应的措施。

第四步，预测利用自动化的新兴技术。建立与战略目标保持一致的问责制运营文化，并通过不懈地提高透明度和持续协作，不断发展专业能力。从即时的数据中挖掘洞察，支持员工、灵活的工作团队和生态系统快速做出响应，高效开展工作。发展使用混合工作模式和自动化，以减少对实体资产和基础架构的依赖，改变资本支出和运营支出的结构。

第五步，促进建立合乎道德的透明网络。利用生态系统网络和新的全球人才库。以区块链技术为后盾，支持跨行业的多企业网络，以实现可信数据具有共享可视性。增强连通性和透明度，以促进更高水平的人性化和互动。发展动态开放、更加安全的计算配置，将混合云融入技术战略中，以支持智能化工作流程。通过组合不同计算环境中的数据，配置工作流程以支持 AI 和极致自动化，拥抱可扩展的开放式技术系统，支持新参与者大规模地灵活整合。

5. 生态性开放性业务

前面提到了未来型企业的生态系统，使用生态系统思维方式有助于放大创造的价值。如果智能化工作流程的范围进一步开放扩展到客户、供应商、生态系统合作伙伴和其他利益相关方处，那么价值可以呈指数级增大。

无边界企业优先实施先进的端到端连接，在整个生态系统中建立更深层次的关系。生态系统思维能够推动智能化工作流程。进一步提升价值，通过大规模应用技术，形成更紧密、更统一的客户关系。扩展的智能化工作流程可将企业合作的各个领域联系在一起，大幅提高经济效益。

这种生态系统思维从在组织内部建立智能化工作流程开始，覆盖所有智能“孤岛”，包含自动化、区块链、AI、5G、云和边缘计算等嵌入式技术，支持获得卓越的成果。

生态系统开放性业务最大的成果来自更广泛的影响。如果工作流程可以开放深入到生态系统中，则可以推动参与者之间的创新与协作，呈指数级地扩大影响力。大规模的数字技术的应用加速将各个生态系统中的客户、供应商与合作伙伴连接起来，实现大规模重塑。

随着新的敏捷运营模式的出现和使用扩展，企业可通过利用统一的战略目标以及不断发展的专业知识来为团队网络赋能。生态系统具有透明度和可视性，推动持续协作和自我调整，接近即时地洞察，支持组织实现目标。

生态系统有了一致的体验，并通过安全的数据交换实现开放，加快价值的创造。极致数字化带来数据源和微观洞察的爆炸式增长，为解决复杂问题和寻找解决方案提供了机会。一场推动计算朝着高度异构环境发展的革命近在眼前，通过这场革命，包括量子计算在内的呈指数级发展的技术将集成到混合云管理的智能化工作流程中。

对于未来型企业来说，首先要准备好通过使用生态系统思维来扩展价值，然后将无边界组织的工作流程以指数级扩展到各种不同的生态系统之中，释放价值和增长潜力。然后扩大自动化、AI、区块链、混合云和其他技术的集成和应用，为客户、供应商以及合作伙伴带来更大价值。最后还要将生态系统思维引入员工队伍的运营模式中，以提高内部和外部的透明度、协作程度和洞察水平。

无边界组织通过扩展智能化工作流程，产生最大影响。整个生态性开放性业务系统作为无边界企业的“金线”，扩展的工作流程是贯穿整个生态系统的体验和价值传递机制。工作流程是信息和关系的支柱，也是用于推动关键即时决策的自动化规则和算法的存储库。扩展的智能化工作流程基于数据驱动的决策，可适应快速变化的状况。智能化工作流程是连接生态系统的重要工具，通过重塑工作方式创造价值，将 AI 和自动化添加到日常任务中，并实现更出色的实时洞察、决策和行动。

6. 全面的人性化管理

人性化管理指一种围绕人的生活、工作习惯展开研究，使管理更贴近人性，从而达到有效地提升人的工作潜能和提高工作效率的管理方法。

人性化管理强调个人自由与社会秩序的和谐发展，彰显温馨和人文关怀，相对于过去把人格物化的冷峻和僵硬，是显著的历史进步。说得更彻底一些，人性化管理就是尊重人格，按照马斯洛的需求理论，不同的人，不同环境中的人，不同际遇的人，都会有他最直接或最高层次的需求，无论怎样，获得尊重以及实现自我永远会处于最高层次。

未来型企业的全面的人性化管理和之前企业强调的对员工的人文关怀不一样，之前的人文关怀致力于改变办公环境，营造温馨的工作氛围，提高员工福利，加强交流沟通。这些的确属于人性化管理范畴，但如果以此作为人性化管理的全部内涵，就扭曲了人性化管理的本质，走入了误区。

美国麻省理工学院心理学教授道格拉斯·麦格雷戈曾提出 Y 理论，它基于这样一种假设：员工可以在工作中体会快乐，员工希望自我指导和自我控制；人不仅是经济人，还是社会人，多数人愿意对工作负责，寻求发挥能力的机会；人在解决组织难题的时候，大都充满活力、想象力和创造力；人和组织的目标在适当的机会融合为一。由这种理论引申，人性化管理的深层含义应该是“管理的人性化”，即工作中的人性化。在无边界组织的工作中体现为对员工的充分尊重，让员工参与管理、参与决策、张扬个性，为个人提供展示才华的机会，给员工自由发挥的空间。因而，人性化管理不只是对员工生活上关心，也不只是改善工作环境，更不是制度执行中的宽容。

管理的人性化，是工作中充分的授权与有效的分权。唯有授权与分权，才能实现真正对员工尊重和信任，才能保持无边界组织的活力。在整体目标既定的情况下，整个组织的战斗力是最强大的。授权与分权是制度约束的刚性与文化平衡的柔性完美统一。

全面的人性化管理，提倡以“职责无边界”的心态展开工作。事实上，部门、岗位、员工的职责没有也永远不会有绝对明确的界定。因为企业发展进程是复杂而瞬息万变的，全面的人性化管理可以理解为激发员工源自内心的责任感。人性化使我们有理由提出“无限责任”的概念，无限责任即执行中不找任何借口。“负责任”不是一句口号，不仅仅指事后的惩戒，更应体现在工作过程中。

管理的人性化，就是允许组织中存在不同声音，张扬个性，倡导创新。争议应该被看作一种头脑风暴，争议可以令参与者厘清思路、抓住矛盾、接纳他人，审视并调整自我。尤其在决策形成过程中，要倡导有观点鲜明的争论，要让争论充满激情和热度，有观念的激荡、思想的撞击，但前提必须是基于事实和数据，只对事不对人，更要避免事后的情绪化。

于创新而言，首先倡导理念上、思想上的创新，在工作中多一些换位思考和逆向思维，因为思想决定行动，行动决定习惯。同时，我们也重视工具和方法的革新，因为工具和方法往往比技术本身更重要。在此谈到的技术不仅仅指技术研发方面的，也适用于其他工作，例如财务。我们应通过革新工具和方法，使工作达到完美。

无边界组织的全面的人性化管理，也是组织对员工最贴心的引导和培育。当每个人都把自己选择的这一组织当作实现自己人生理想的挪亚方舟，那么必然决定每一位员工的精神状态，而这种状态所显示出的激情与理性则使大家完全融入这一组织，成为组织肌体中充满活性的细胞。面对组织可能存在的隐患和疾病，每一位员工都会履行自己的免疫、抗扰、新陈代谢的独特功能，那么有谁会怀疑这个组织是健康而富有生命力的呢？

全面的人性化管理所能做的最本源性的工作就是组织给予宽松与相互搀扶，每个人都是不可或缺的，一如“只有人是最可宝贵的”，但离开了任何一个人，组织仍必须是持续稳定发展的，这就是无边界组织全面的人性化管理的魅力所在。全面的人性化管理最终要创造的是一种富有正气和正义的精神氛围，员工和企业有一种彼此尊重、承担责任的心理契约，企业才能将知识、技能整合，铸造企业的核心竞争力。

7. 无边界数字化创新

2020 年以来的新冠病毒疫情极大加速了全球数字化转型，数字化商业形态也在飞速变化演进中。2020 年全球全面进入远程商业，我们进入了认知商业的新阶段——无边界企业阶段。

所谓无边界企业，是对认知型企业的扩展，它的发展是数字化转型的下一个大趋势。前面提到了无边界企业的底层逻辑：开创性的平台战略、扁平化的内部组织、无障碍跨部门协作、智能化的工作流程和全面的人性化管理，那么当无边界企业扩展到以扩展的智能化工作流程为核心，形成包括开创性的平台战略与生态系统、科技和数据主导的创新、包容性的人机携行、可持续发展与社会影响以及开放安全的混合云与网络等在内的六大要素为基础的未来型企业的基本模型之后，企业的运营将不再受地理和物理限制；利用 AI、云计算、物联网、区块链等数字化技术展开的无边界数字化创新将释放企业的全部潜力，重塑商业模式。

无边界数字化创新落地的五大路径是数据、AI 与智能化；数字化人才管理与文化创新；可持续发展；体验创新；混合云服务及架构。无边界企业将通过技术手段赋能企业实现新的商业价值，在这个过程中达到前所未有的创新状态。

践行无边界数字化创新的典型企业案例有总部位于挪威的 Yara（雅苒）。

Yara 是全球最大的矿物肥料生产商之一，也是数字化农业解决方案的全球领军企业。Yara 成立于 1905 年，成立的初衷是解决当时欧洲的饥荒问题。2018 年，Yara 创建数字化农业平台 Atfarm，连接了全球各地超过 300 万的农民，覆盖了超过 1000 万公顷的耕地，Atfarm 致力于让每一个农民都能实现精准农业生产。

结合 Yara 超过 800 位农业专家的专业知识以及 IBM 在 AI 和数据分析等领域的数字平台、服务与专业经验，Yara 数字化农业平台 Atfarm 与食物价值链上的全球伙伴合作，共同开发对环境更友好的农作物营养解决方案，同时 Yara 也承诺保证更可持续的矿物肥料生产。Yara 利用数字化农业平台 Atfarm 提供整体数字服务和即时农事建议，最终目标是避免毁林开荒以及增加现有农田的粮食产量。

例如，Atfarm 平台在精确到分钟的超本地天气数据的支持下，提供及时准确的农作物产量预测以及氮肥与灌溉管理方案，该按需灌溉解决方案帮助节省 20% 的用水量。数字化农业平台帮助 Yara 扩展了业务模式并形成差异化竞争优势，同时还支持可持续运营。基于技术中立的云平台服务，Yara 数字化农业平台采用按使用量付费的模式，运用物联网传感器和 AI 技术提供先进的数据服务。该数字化农业平台还为后续上架其他高级数字技术铺平了道路，例如用于贸易透明化和可信任的区块链技术。

经过努力，Yara 的商业模式从聚焦于矿物肥料向围绕农民提供完整解决方案转变，其商业逻辑从基于已有的资产向可对外有所贡献转变。换言之，Yara 从原来的聚焦矿物肥料的业务核心和竞争力，不断向商业环境中新兴的商业机会拓展。如今的 Yara 商业竞争力由农作物营养解决方案、数字化能力和深入的农业知识驱动，致力于最终实现一个对气候有正面影响的食物大未来。

Yara 正走在从认知型企业向无边界企业转型的道路上。在开创性的平台战略与生态系统方面，Yara 创建了行业范围内的业务平台 Atfarm，连接各地的独立农户，同时 Yara 在该平台上扩展了生态系统，囊括了银行和物流服务提供商等。在扩展的智能化工作流程方面，Yara 基于 AI 的工作流程，从供应商扩展到农民和加工商，还集成了 IoT 传感器、AI 和天气数据等。

在包容性的人机携行方面，Yara 与农民和主要的食品价值链企业合作，通过在作物营养、基于科学的产品和数字工具等方面与之开展合作，推动与客户更好地沟通。在科学和数据主导的创新方面，Yara 尝试各种呈指数级发展的技术，比如基于无人机的增强现实，助力微型农业的成功；而通过使用 DataOps 方法自动执行多种功能，数据科学家能够集中精力，优先从事建模和创新工作。

在开放安全的混合云与网络方面，Yara 数字化农业平台在云环境中运营，可实现即时信息共享与协作，而云中立的战略支持统一的数据治理和保障数据安全。在可持续发展与社会影响方面，Yara 与 IBM Food Trust 合作，推动碳中和及产品可追溯，促进以更出色的耕作方式劳作和提高作物产量。

今天，AI、自动化、区块链、物联网、5G、云计算等都已经规模化发展，它们让认知型企业越来越真实。而这一变革又在 2020 年全球疫情后被卷入了一个日益扩张的虚拟世界，虚拟世界中来自生态系统、数字工作流程和互联组织的力量在不断扩展。作为下一代企业组织，无边界虚拟企业已经兴起——通过智能工作流程连接企业和扩展生态中的参与者，企业不再受地理与物理的限制，这将推动极致数字化业务模式的实施，为世界贡献全新的价值。

总之，无边界企业是全世界企业发展的新篇章，其形态也是企业数字化转型的下一个阶段形态。在疫情推进下的全球隔离经济和远程经济中，数字化与 AI 的能力正在被无限扩大，摆脱了地理和物理限制的极致数字商业模式正在出现。新兴的极致数字商业模式正在反过来重塑传统产业，而无边界企业正是这个重塑过程的支点。

第六章

强大穿透力：无边界商业模式适用的产业

1. 适用电商产业：把生意做到全世界

无边界商业模式适用于电商产业，典型代表为跨境电子商务，指分属不同关境的交易主体通过电子商务平台达成交易、进行电子支付结算，并通过跨境电商物流及异地仓储送达商品，从而完成交易的一种国际商业活动。

跨境电子商务属于国际商业活动，是基于网络发展起来的商业模式。网络空间相对于物理空间来说是一个新空间，是一个由网址和密码组成的虚拟但客观存在的世界。网络空间独特的价值标准和行为模式深刻地影响着跨境电子商务，作为无边界商业模式的代表，跨境电子商务将生意做到了全世界。

以网络空间为基础，跨境电子商务具有全球性。网络是一个没有边界的媒介体，具有全球性和非中心化的特征。依附于网络发生的跨境电子商务也因此具有了全球性和非中心化的特性。电子商务交易方式与传统的交易方式相比，一个重要特点在于电子商务是一种无边界交易，丧失了传统交易所具有的地理因素。互联网用户不需要考虑跨越国界就可以把产品尤其是高附加值产品和服务提交到市场。网络具有全球性特征带来的积极影响是信息的最大限度的共享，消极影响是用户必须面临因文化、政治和法律的不同而产生的风险。任何人只要具备了一定的技术手段，在任何时候、任何地方都可以让信息进入网络，相互联系进行交易。

网络的发展使数字化产品和服务的传输盛行。而数字化传输是通过不同类型的媒介，例如数据、声音和图像在全球化网络环境中集中而进行的。这些媒介在网络中是以计算机数据代码的形式出现的，因而是无形的。以一个 E-mail 信息的传输为例，这一信息首先要被服务器分解为数以百万计的数据包，然后按照 TCP/IP 协议通过不同的网络路径传输到一个目的地服务器并重新组织转发给接收人，整个过程都是在网络中瞬间完成的。电子商务是数字化传输活动的一种特殊形式。

数字化产品和服务基于数字传输活动的特性也必然有无形性，传统交易以实物交易为主，而在电子商务中，无形产品却可以替代实物成为交易的对象。以书籍为例，传统的纸质书籍，其排版、印刷、销售和购买被看作产品的生产、销售。然而在电子商务交易中，消费者只要购买网上的数据权便可以使用书中的知识和信息。

对于网络而言，传输的速度和地理距离无关。传统交易模式中，信息交流方式如信函、电报、传真等，信息的发送与接收存在着长短不同的时间差。而电子商务中的信息交流，无论实际时空距离远近，一方发送信息与另一方接收信息几乎是同时的，就如同生活中面对面交谈。某些数字化产品（如音像制品、软件等）的交易还可以即时结清，订货、付款、交货都可以在瞬间完成。

电子商务交易的即时性提高了人们交往和交易的效率，免去了传统交易中的中介环节。

电子商务主要采取无纸化操作的方式，这是以电子商务形式进行交易的主要特征。在电子商务中，电子计算机通信记录取代了一系列的纸面交易文件。用户发送或接收电子信息。由于电子信息以比特的形式存在和传送，整个信息发送和接收过程中实现了无纸化。无纸化带来的积极影响是使信息传递摆脱了纸张的限制。电子商务以数字合同、数字时间取代了传统贸易中的书面合同、结算票据。

跨境电子商务贸易方式具有不同于传统贸易方式的诸多特点，分为出口跨境电子商务和进口跨境电子商务，还分为一般跨境电子商务和 E 贸易跨境电子商务。跨境电商产业的发展使生意无国界，企业无边界，不管企业身处何处，都可以在世界市场里纵情成长。

2. 适用物流产业：每个角落都能触达

当下，知本时代取代资本时代，知识代替资本成为最重要的发展动力，存在于思想整合与创新之中，增加了经济发展方向的不确定性和前景的神秘性。新经济来势汹汹，冲击了传统经济的观念和思维定式，行业边界纷纷坍塌，无边界浪潮正在形成。

在这个解构和重构盛行的年代，行业边界被突破、模糊和融合，行业无边界、企业无边界，连产业都可能是无边界的。

无边界企业具有强大的穿透力，其适用产业广泛，除了之前提到的电商产业，最典型的产业还有物流产业，其典型案例就是顺丰。顺丰借助自己强大的物流能力和用户订单的品牌获权，向下游发展，进入发展生鲜电商——顺丰优选阶段；再进入终端零售——嘿店阶段。虽然嘿店并没有取得最终的成功，但还是说明物流产业具备无边界发展的能力，它还进入金融领域。还有一个典型案例，就是 Uber（优步），虽然它是出行共享平台，但因为具备了运输的能力，就打造了一个运输生态器。在美国，Uber 推出了同城快递服务 Uber Rush。Uber 用户可以像叫车一样叫快递，然后由 Uber 的司机将物品派送到目的地，用户可以看到物品预计的到达时间和物品的实时位置，同时还推出了 Uber Essential 和 Uber Eats 等服务，涉及了日常用品的送货、送餐等领域。再一个典型案例就是美团，美团从卖菜到发展外卖，到生活跑腿到民宿旅游，从电影演出到火车票机票，几乎是凡所应有无所不有，真正实现了产业无边界、企业无边界。

这几年，随着全球一体化的发展，我国跨境物流发展迅猛，跨境电商持续快速发展，跨境网络零售迅速成长。跨境电商的快速成长为带动跨境寄递服务的迅猛发展奠定了良好的基础。巨大的跨境商务市场增量对跨境物流业务的带动作用明显，物流产业发展态势迅猛，物流将触达世界的每个角落。

目前，物流产业零担与快递相互渗透，零担快运业务与快递业务边界日益模糊，快递企业可以依托原有的运输网络快速切入零担物流市场。生鲜冷运和医药冷链发展潜力较大。仓储是商品流通的重要环节之一，也是物流活动的重要支柱，在国民经济中占有重要的地位和作用。现代仓储的发展随着物流产业的发展不断进步。物流产业的产业链条不断向上游和下游延伸，增值服务不断拓展。以客户需求为中心，为客户提供仓储管理、商业智能、销售预测、大数据分析、供应链金融等一体化的综合物流服务正在出现。

特别值得一提的是当下智能仓储的发展。仓储物流发展可分为人工仓储、机械化仓储、自动化仓储、集成自动化仓储、智能自动化仓储五个阶段。

人工仓储即物资的输送、存储、管理和控制，主要靠人工实现；机械化仓储则以输送车、堆垛机、升降机等机械设备代替人工为主要特点；自动化仓储则在机械化仓储的基础上引入了 AGV（自动导引小车）、自动货架、自动存取机器人、自动识别和自动分拣等先进设备系统；集成自动化仓储则以拥有集成系统为主要特征，实现整个系统的有机协作；智能自动化仓储系统是运用软件技术、互联网技术、自动分拣技术、光导技术、射频识别、声控技术等先进的科技手段和设备对物品的进出库、存储、分拣、包装、配送及其信息进行有效的计划、执行和控制的物流活动。

无边界产业的发展在物流产业中的突出表现是智能仓储的发展。相较于传统仓储，在空间利用率、储存量、储存形态、作业效率、人工成本、环境要求等方面，智能仓储均具备优势。

在“互联网+”战略的带动下，国内的智能仓储与大数据、云计算等新一代互联网技术深度融合，整个物流行业都迅速地向着运行高效、流通快速的方向迈进。

总体来看，电商行业的飞速发展、供应链效率的不断提升以及物流行业的整合意味着市场对现代物流产业的倚重。物流行业进入作为无边界企业的转型升级阶段，社会对其自动化、机械化及智能化需求将日益增强。

3. 适用服务产业：全方位立体式服务

服务产业在国民经济中发挥着关键的、重大的作用，随着知识经济高速发展，服务产业对一个国家未来的繁荣显然具有战略性地位。在采用无边界商业模式的发展过程中，服务产业也占据着重要的位置。

那么，服务产业都包括了哪些行业呢？目前来说，服务产业往往被划分为生产性服务、消费性服务、公共性服务和基础性服务四大类。具体来说，服务产业包括了软件和信息技术服务业，信息传输、仓储和邮政业，租赁业，科学研究和技术服务业，金融服务业，水利、环境和公共设施管理业，居民服务、修理和其他服务业，教育、卫生和环保、文化、体育和娱乐服务业，公共管理、交通运输、社会保障和社会组织服务业，农、林、牧、渔服务业，采矿业中的开采辅助活动，制造业中的金属制品、机械和设备修理业，国际组织服务等。

也就是说，服务产业涉及社会的方方面面，在无边界商业模式的发展过程中，服务产业渗透在各行各业之中。

服务产业区别于服务事业。以增值为目的提供服务产品的生产部门和企业集合叫服务产业，以满足社会公共需要提供服务产品的政府行为集合叫服务事业。值得一提的是，旅游业不是严格意义上相对独立的服务业。除旅行社活动隶属于租赁和商务服务业下的服务业小类外，其他如旅游设施建设、旅游餐饮、旅游住宿、旅游购物、旅游文化、旅游产品开发等均分属于其他产业范畴。

随着无边界商业模式的发展，服务产业已经成为全方位立体式服务产业，能够为社会的方方面面提供即时便利的服务。

其中最典型的就是无边界商业模式下科技服务行业的发展。随着技术的不断进步和科技创新需求的多样化，科技创新服务链条开始不断细化、分解，各创新要素快速重构。科技服务企业通过整合跨行业资源，正在向社会提供更加专业化的第三方服务，形成针对健康、教育、能源、环保等垂直领域的专业科技服务。

在20世纪90年代，随着国家开始大力发展第三产业，我国科技服务业也获得了较快的发展，研究生产能力不断提高，技术贸易十分活跃。自21世纪以来，经济和科技的全球化程度日益深化，开放式创新逐渐成为企业创新的主导模式，创新资源的全球流动需求不断增加，科技服务的市场不断扩大。

当前，以科技服务业为重要组成部分的现代服务业已由发达国家向发展中国家转移，这一转移趋势为我国科技服务机构的大发展提供了重要的“机会窗口”，也为科技服务机构的无边界发展带来了巨大的机遇。

随着我国经济增长方式从要素驱动迈向创新驱动，科技服务业得到了快速发展。在“大众创业、万众创新”等积极的政策的支持下，科技产业园、企业孵化器、生产力促进中心、创客中心、基金小镇等综合性、专业性或专门性服务机构不断涌现，服务模式不断创新、服务能力不断提升、服务质量不断提高，有力地带动了全社会创新创业热情，激发了科技成果转化的需求，促进了科技服务产业的无边界发展。

随着知识经济的到来，社会分工进一步深化，大量科技服务活动从传统生产与科研活动中独立出来，催生了两类新兴科技服务行业：一类是创新性科技服务业行业，另一类是基础性科技服务业行业。

创新性科技服务业行业是指把研发、设计等活动作为服务内容的产业。一方面，创新活动从科研活动中分化出来，高校与科研院所(及其科研人员)面向市场建立专门的研发或设计服务企业(也称为新型研发组织)，提供创新服务。围绕经济建设和社会发展总体要求，我国科技人才工作取得显著成效，呈现科技人才竞相涌现、活力迸发的新局面。

科技服务行业的发展带动了整个服务行业快速前进。作为无边界商业模式的先锋，服务行业的智能化发展必将带动多个行业尽快步入无边界商业模式。

4. 适用文化产业：IP的多元化开发

什么是文化产业？什么是IP？举个例子，一部电影上映并票房大卖后拍续集、做玩具、出故事书、建主题公园，诸如迪士尼公司堪称此类产业的成功典范，那么那部电影就是IP。IP原意为知识产权，伴随着新媒体的崛起，文化IP已经成为一种文化产品之间的连接融合剂。有着高辨识度、自带流量等特质的文化产品就是所谓的IP，是文化积累到一定量级后所输出的精华，具备完整的世界观、价值观，有属于自己的生命力。

相较于单一的文化产品，互联网时代更需要对文化产业从内容、平台到延伸、服务的深度理解。一方面，互联网技术与人们的生活方式相互影响，人们对互联网特别是移动互联网的依赖性持续增强：大到公司对衍生产品的包装推介，小到在手机客户端上购买一张新上映电影的电影票，人们的生活几乎离不开互联网；另一方面，对文化产业每一点价值的挖掘，也越来越倾向于借助大数据、云计算等技术帮助降低成本和进行精准营销。

正是基于互联网“无边界”的特性和人们生活方式的改变，当前文化产业越来越趋于采用无边界商业模式。首先是“平台为王”，“平台为王”

几乎成了中国互联网的规律，但在文化产业领域，光有平台并不能抓住消费者，优质的IP是关键要素，所以，最好的状态是“平台+内容”。具备输出长期内容实力的IP将成为文化产业发展的根基，当下大有可为的直播、众筹股权投资与新的文化金融模式，以及网上营销公司对接线下营销与传播平台，电影与广告的互相植入，通过与大明星合作引导“粉丝经济”，技术引导营销模式和长期股权投资增值模式等多种互联网文化产业的创新商业模式都基于好的IP。

文化产业的无边界发展势不可当，举几个例子，比如电影史上最赚钱的影片，可分为利润率最高和利润额最大的两类。

1999年的《女巫布莱尔》和2007年的《鬼影实录》是美国电影史上投资回报率最高的影片。拍摄《女巫布莱尔》花了35 000美元，加上后期制作费用，制作成本不过几十万美元，然而最后的回报是全球票房2.49亿美元。《鬼影实录》只花了15 000美元就拍成了，重新配音又花了15 000美元，后来在斯皮尔伯格的建议下补拍了结尾，又花了几万美元。最终《鬼影实录》以35万美元卖给梦工场，然后交由派拉蒙发行，美国国内宣发花了1 800万美元，得到的回报是全球票房1.93亿美元。

上述两部作品通常被认为是电影史上回报率最高的影片。具体到利润数额，能与之相比的只有1939年的《飘》、1997年的《泰坦尼克号》，以及2009年的《阿凡达》，这几部通常被认为是最赚钱的影片。

计入通胀因素，当年的《飘》花了7 860万美元拍成，光是美国国内票房就达数亿美元。该片在长达八十多年的岁月里多次重新发行，已无法按当今币值估算，海外票房更加难以统计。

2014年出版的《吉尼斯纪录》认为《飘》的总票房应为34.4亿美元（2014年币值），若以当今币值计算，这个数字又将膨胀至多少亿美元呢?

1997年的《泰坦尼克号》也创下20世纪制片成本之最，按今天的币值估算达3.37亿美元之多。同样地，按如今的币值估算，其总票房约为33.3亿美元。

然而，真正赚钱的IP除了影片本身，能赚钱的却不仅是电影的DVD、录像带、有线电视片租等。按今天的币值计算，《泰坦尼克号》的衍生收入高达几十亿美元，很多人没有想到，那艘大船为片方赚得了35亿到40亿美元。而电影《阿凡达》的衍生收入更高，比《飘》赚得更多。

而史上最赚钱的电影是1977年上映的电影——1977年版《星球大战》（星战4：新希望），它创下了一个数百亿美元的帝国，只靠出售IP授权就拿到420亿美元——是的，福布斯统计过，光是授权游戏，这部影片所获得的收入就高达近百亿美元。而1977年版《星球大战》的制作成本和宣发成本加起来，按今日币值计算，也顶多一亿美元。该片取得的二三十亿美元的票房之外的其他收入，比如游戏版权、周边版权等的收入远远高于该影片的票房收入，使得这部影片成为史上最赚钱的影片之一。

由此可见，文化产业是采用无边界商业模式的先驱，文化产业无边界，好的IP可以延伸到商业生活的方方面面，产生巨大的经济效益。

5. 适用娱乐产业：花样玩法不断翻新

当娱乐产业走进无边界商业模式使用，娱乐产业走向了泛娱乐时代。泛娱乐指的是基于互联网与移动互联网的多领域共生，打造明星 IP 的“粉丝经济”，其核心是 IP，可以是一个故事、一个角色或者其他任何大量用户喜爱的事物。这一概念最早由腾讯集团副总裁程武于 2011 年提出，并在 2015 年发展成为业界公认的“互联网发展八大趋势之一”。

无边界时代的娱乐产业通常包括影视、游戏、动漫、数字音乐、数字阅读等细分领域，中国泛娱乐产业生态日趋成熟，由单体竞争转向了下半场的生态性竞争，并已经涌现出了以腾讯、阿里巴巴、百度、网易等为代表的泛娱乐产业生态化运营企业。

这些企业推出的养成类游戏、抖音短视频、在线狼人杀、直播答题等互联网新产品和其带来的新风口也数不胜数，仔细对比这些爆红的网络应用，不难发现其背后都有技术的驱动，例如音视频与社交功能的融合。

当下，泛娱乐直播、短视频等细分领域的大发展催生了大量的视频流量需求。黑科技带来泛娱乐产品新红利。当前在泛娱乐产品背后的技术驱动下，产生底层技术与创意玩法相互推动产生的爆款效果，时处 AI 能够对图像/视频高度自动化编辑的时代，移动端对AI算法的承载能力将持续提升。

特别值得一提的是，超越像素的AI黑科技“超分”对娱乐产业的推动作用。“超分”即超分辨率，利用硬件或软件方法提高原有图像的分辨率，通过利用一幅或者多幅低分辨率的图像来得到一幅高分辨率图像的过程就是超分辨率重建。它是通过人工智能深度学习将低分辨率视频重建成高分辨率视频模糊图像，视频瞬间变高清，为移动端用户带来更加良好的视频体验。正是类似“超分”的黑科技让娱乐产业有了迅猛发展的有效助力。

当娱乐产业走向泛娱乐之后，玩法不断翻新，超分技术、音视频、人工智能等技术帮助企业推给客户其想要的产品，并借助技术的力量、用技术手段迭代出更多更好玩的玩法以及差异化产品，并借此把流量变为留量，之后再变现。

泛娱乐不仅仅实现了多领域的连接与共生，更重要的是，它不需要看出身背景，没有论资排辈，更没有人为的潜规则，其最重要的就是一条标准：是否有粉丝喜欢你的创意，无论是主流的精品大作，还是小众的细分作品。过去的“互联网+娱乐”更多只是在后端营销上的融合，比如O2O售票、微博微信推广等，但是现在要进入前端，通过技术把想法变为现实。

事实上，之所以娱乐产业花样玩法能不断翻新，还因为它具有极强的可复制性。娱乐产业就是如此，一个直播答题应用出现，第二天会出现成百上千的复制品。这一产业快速迭代，生命周期快速缩短。泛娱乐产品的快速迭代是必然现象，走向无边界商业模式的娱乐产业唯有把握用户本质，不断改进与优化用户体验，不断翻新花样玩法，才能不被无边界时代的浪潮淹没。

6. 适用科技产业：技术可以改变世界

从瓦特发明蒸汽机、人类开始第一次工业革命之后短短几百年时间，世界发生了翻天覆地的变化。这些年有几项发明彻底地颠覆了我们的日常生活。

一是无人驾驶汽车技术。目前常见的还是人工驾驶，过一些年无人驾驶肯定会普及，无人驾驶避免了疲劳驾驶，不用担心酒驾的麻烦，二是无人银行。上海开了第一家无人银行，充分利用了 AI 智能技术。该技术可以远程解决我们 98% 的相关事务，而且不用排队，省去很多时间。三是电子支付的普及。现在年轻人买东西都用支付宝与微信，买东西用它们扫一扫，让我们离现金越来越远。四是外卖、网购的兴盛。它们让我们可以不出门就买到东西或吃上餐饭，方便了我们的生活。五是无人矿山远程挖掘机的出现。利用 5G 技术远程控制挖掘机，可以让驾驶者不必暴晒，也可以避免驾驶员在一些危险的地方工作。

这些新技术的出现改变了我们的生活，新技术使我们的生活越来越方便，越来越智能化。科学技术在改变我们生活的同时，也令科技产业进入了无边界时代。机器乃至机器人与人类相比，不需要粮食、空气、水，只需要能源，就可以存在于任何工作环境之中；相比人类，它们的适应性更强，可以应用在任何的产业之中。

科技与商业发展的一个关键词“人工智能”已经不是新词语了，早在1956年的达特茅斯学会上就被提出，直到如今已经快七十年了，仍旧热度不减。并且，随着互联网、大数据、智能算法的不断发展，“人工智能”取得了蓬勃的发展。各类技术成果与行业相结合，成功应用于众多产品的制造中并取得了丰硕的人工智能成果。AI在各行各业的应用所带来的边界延伸让科技产业焕发出了无限生机。

目前，我国科技企业中已经走入无边界商业领域的企业中最典型的就是百度。可以说，作为中国人工智能领域的领军者，百度大脑、百度智能云、Apollo、小度助手、百度小程序等AI业务的核心成果代表了科技产业的先锋成果。今天的社会已经进入了以人工智能为核心驱动力的智能经济新阶段。智能经济将给全球经济带来新的活力，是拉动全球经济重新向上的核心引擎。对于人工智能，百度已然走在了行业的前列。

显然“智能互联时代”已经到来，这一场人工智能推动的由数字经济向智能经济的深刻变革正在呼啸而来。因为与互联网技术相比，新一代人工智能技术具有更强的潜在颠覆性。

当AI的大幕开启，当“智能互联”成为培育更强劲新动能的新路径，当人工智能渗透到越来越多的产业，打通越来越多的行业，技术从有形化为无形，而人工智能与产业结合催生出的新“智能经济时代”到来的时候，谁能下好人工智能这步“先手棋”，谁就能在风口上起飞。

人工智能赋能各行各业，人类历史上已经发生的三次工业革命分别为人类带来了机械技术、电力技术和信息技术，而且每一次工业革命的核心技术都不限应用于某一个行业，而是广泛应用于各行各业，不管是工业、农业、服务业，则都可以受益于人工智能。

科技产业无边无际的张力将在智连万物背景之下，以AI为助力，带着温度与情怀，进入一个个产品及场景之中。如果说AI时代开启的，以前是科幻，如今是智能的新世界，那么更值得期待的是，车联网、物联网、智慧城市等概念一步步变为现实。技术改变世界的时候到了，让我们拭目以待。

7. 适用制造产业：智能化与定制化

在工业4.0时代背景下，制造产业向智能化和定制化发展。智能化的核心理念已经被各大制造企业接纳。

智能制造广义的定义包括了5个层面内容：产品智能化、装备智能化、生产过程智能化、管理方法智能化和服务项目智能化。

第一，产品智能化。产品智能化是把传感器、处理器、存储器、通信模块、传输系统融进各种各样的产品，使产品具备动态存储、感知和通信工作能力，实现产品可追溯、可识别、可精准定位。计算机、智能手机、智能电视、智能机器人、智能穿戴基本都是物联网的“原住民”，这些产品生产出来就是终端设备。而传统的空调、冰箱、汽车、机床等都是物联网的“移民”，将来这些产品都要接入网络世界中去，实现产品智能化。

第二，装备智能化。智能工业、信息处理、人工智能等技术的集成系统融为一体，可以构成具备感知、分析、推理、决策、执行、自学能力及维护等自主适应功能的智能生产系统及网络化、协同化的生产制造设施，它们都归属于智能装备。

在工业4.0时代，装备智能化向单机智能化发展，即单机机器设备的互联构成智能生产线、智能车间、智能工厂。单纯的研发和生产制造端的更新改造不再是智能制造的全部，根据渠道和消费者进行的前期的更新改造成为关键一环。从前期到生产过程，互相结合、相得益彰，实现了端到端的全链条智能制造更新改造。

第三，生产过程智能化。在生产过程智能化的发展过程中，个性化定制、极少量生产制造、服务型制造及其云制造等的业态创新、新模式日益发展起来，个性化定制等创新模式的实质在于重整客户、供应商、销售商及企业内部组织的关联，重新构建生产制造体系中信息流、产品流、资金流的运行模式，重造新的产业价值链、生态系统和竞争布局。工业时代，产品价值由企业定义。企业生产制造什么产品，客户就买什么产品。企业标价多少钱，客户就花多少钱——主导权完全掌握在企业手上。而智能制造实现了个性化定制，不但去掉了中间阶段，还加速了商业的流动，产品价值不再由企业来定义，而是由客户来定义——客户参与、客户乐意接纳，只有客户认同的产品才具备价值。

第四，管理方法智能化。随着纵向集成系统、横向集成系统和端到端集成系统应用的逐步推进，企业数据的获取及时性、完整性、准确性不断增强，必定使管理方法更加准确、使用起来更加高效率、更加科学合理。

第五，服务项目智能化。智能服务是智能制造的核心内容，越来越多的制造企业意识到从生产制造型向生产制造服务型转型的必要性。线上与线下并行的 O2O 服务项目势必盛行，两种能量将在服务项目智能层面相向而行。一种能量是来自传统制造业不断拓展服务项目，另一种能量是从消费互联网进入产业互联网得到的，例如微信将来接入的不单是人，还包括机器设备和服务项目、人和服务项目。个性化的研发设计、总集成系统、总承包等新服务项目产品的全生命周期管理方法会伴随着生产过程的变革连续不断地被适用。

与智能制造相关的概念有数字化制造。数字化制造是一种软件技术，指的是通过仿真软件对产品的加工与装备，以及车间的设备布局、物流、人机工程等进行仿真。从数字化制造延伸出数字化工厂的概念。数字化工厂指的是产品研发、工艺、制造、质量和内部物流等与产品制造价值链相关的各个环节，基于数字化软件和自动化系统的支撑，实现实时的数据采集和分析的制造工厂。再往下延伸就是智能工厂的概念。智能工厂相对于数字化工厂而言，主要强调生产数据、计量数据、质量数据的采集的自动化，不需要人工录入信息，能够实现对采集数据的实时分析，实现 PDCA 循环，其制造集成与智能系统可以实现对工厂数据的多维度分析。

智能化的内涵非常深远，实际上，云计算、大数据分析、电子商务、移动应用、物联网和企业社交网络、工业互联网（或产业互联网）等技术都属于智能制造的支撑技术或实现手段，可以说智能化本身已经蕴含了互联网 + 制造业。

特别值得一提的是，制造产业的定制化从理论上讲是针对每个消费者的具体需求设计一对一的产品方案。但在实践中，受限于成本和技术手段，消费者的需求必须具有某种程度的共性，才可以定制化生产以及定制化提供服务。而且必须有合适的技术手段作为技术支持，最重要的是计算机技术，才能使产品定制化和服务定制化顺利发展。

因此，无边界商业模式在制造产业的发展和科技的发展密切相关。要使企业具备强大的穿透力，真正实现无边界，就要依赖于科技的飞速发展。

第七章

无边界跃迁：企业转型中的边界突破

1. 当企业陷入无边界困境

曾经，“专注”是企业发展的优点。而今天，这一观念已被颠覆，打破边界成为发展趋势。运用数字化链接，企业可能连接一切行业。互联网企业、实体企业都在打破边界谋发展，企业在这个寻求过程中很可能陷入困境，找不到确定的方向。

让我们先来看看世界著名企业的无边界经营。麦当劳是全球知名的快餐品牌，其在英国最显赫的身份竟然不是餐饮经销商，而是最大的图书经销商，而且在十年前，也就是2003年，麦当劳就是英国最大的童书经销商了。在中国，麦当劳是卖汉堡的，是吃饭的地方。但是在英国，麦当劳不仅仅是吃饭的地方，更是卖书的地方。在英国，麦当劳卖书比卖汉堡赚得多。不仅仅是麦当劳，肯德基也卖书，而且很多童书还在肯德基首发。小朋友们买儿童餐的时候，可以直接买到最新的童书。

再说说谷歌，谷歌是一款浏览器。事实上，当它推出免费的谷歌地图时，公司往往只是希望通过整合更多数字化信息来吸引眼球，从而进行广告推广。但从一开始，这款应用就在各个战略层面上超越了市面上那些昂贵的 GPS 设备。它不但更加便宜，而且谷歌公司干脆免费给用户使用，还提供实时更新。更棒的是，它还可以同其他的智能手机应用与联系人如搜索结果、地图、邮件和联系人等关联在一起，提供了一套能提高客户亲密度的完整解决方案。果不其然，谷歌地图上市仅 18 个月，就夺走 GPS 设备 85% 的市场份额。接下来，做互联网搜索的谷歌开始做汽车了。由此可见，企业可以将风马牛不相及的东西相互结合并走入全新的行业，企业的原有边界被轻松跨越。而对于那些跨越边界的企业而言，它们并不是经营得一塌糊涂，相反还做得风生水起，甚至成为让人艳羡的龙头老大。

再说说中国的企业。小米刚刚创业时没几个人能预测出小米能生产现在所经营的各类电子产品。无边界竞争蕴藏着很大的力量，但很多企业都低估了这种颠覆性的力量。

互联网使行业界限变得越来越模糊，市场已经进入了无边界竞争状态，这种竞争称为“爆炸式创新”。美国人保罗·纽恩斯、拉里·唐斯写的《大爆炸式创新》中指出，互联网时代的创新，不像过去，是在原来基础上继续递进式的演进，而是彻底的破坏性创新，彻底的颠覆性创新，也即“大爆炸式创新”。

当企业陷入无边界困境的时候，首先不要渴望运用过去已知的经验去创造一个美好的未来。企业不要指望未来市场能够给出足够的时间让企业去寻找立足点。站在旧市场中，就算处在最高点，也难以看清新市场的道路。今天的企业要学会适应市场颠覆性的更迭，会主动应变，要有抓住机遇、迎接挑战的能力。关键是能够根据边缘市场、细分市场或新兴市场的特定需求，早于对手把创新战略的策划力、创新资源的配置力、创新目标的执行力整合为创新颠覆力。

历史上，机遇偏爱有准备的头脑，机遇偏爱有活力、有胆识、有新机制的新组织。无疑，“颠覆性”作为创新的显著特点，在诸多领域具有明显的副作用和不确定性。然而，这绝不意味着企业无可作为，只能等待宿命。若瞄准今天，只能击中昨天；若想击中明天，就要瞄准后天。人类面临重大决策时，就需具备这种前瞻性思维。

其次，企业一定要跟上时代，升级创新思维。企业要能与时俱进，及时升级自己的思维体系。倡导以人为本、原创优先、应用引领、开放共享的科技观、创新观，树立与开发者、用户、消费者共建共赢的市场观、成长观。要能以“广普、宽带、全频”的理念来认知及评价当代的科学知识、技术体系，以及工程、设计、工艺、市场渠道、服务等从知识到产品和服务的创新活动，能从获得颠覆性创新效果出发，全面发展。

再次，企业要紧盯创新资源，努力找寻突破口。创新需要高质量的交叉学科发展成果，需要高水准的技术融合、跨界技术，所以企业应该关注最新的前沿科技，并在其中找寻自己创新的突破口。

最后，就是以变治变，优化创新，活化创新。要从市场需求和创新规律出发考虑，不断变革和优化对创新的管理。要从基于资源的管理转向基于能力的管理，从面向目标的管理转向面向机遇的管理，从依赖制度体系的管理转向依靠全员参与的管理，学会构建应变型的组织流程，面向迅速变化的技术创新，能实现最小切换成本战略调整，不断推进学习型、研发型、创新型的组织建设。还要尝试组合，活化创新空间。创新要素的无阻滞流动、创新资源无障碍组合是产生新创造的基本条件。很多新的模式都是产生于知识、方法、手段和资源自由组合的探索的过程之中。创新者要努力利用一切有利条件，让创新要素充分流动与自由组合，让创新资源得到最大的利用。

总之，当企业陷入无边界困境，就要颠覆原有的思维模式，自主实施创新战略，发现创新的方位，形成能融合多模式创新的发展流程，主动开拓新业务、新方向、新市场，强化技术积累和技术融合，强化创新要素间、创新资源间、创新环节间、创新模块间的协同合力。

2. 转型必须提升需求层次

竞争过度的今天，企业如果想要持续发展就必须保持不断的创新，而传统行业的竞争基本饱和，企业如果想获得发展空间就必须转向边界之外进行创新。就用老牌汽车公司福特、通用、丰田举例，它们拥有全球近 90% 的市场份额，行业内部上升空间极为狭小，如果继续创新就必转向行业之外的新能源领域，可惜获得这一突破的不是边界内的企业，而是边界之外的特斯拉。互联网重塑了企业边界，科技的发展、信息化的畅通都是导致企业边界重塑的根本原因，企业转型必须提升需求层次，打破需求边界，重新定义企业边界。

在以往的认知中，经营的本质是提供产品、满足需求，将产品或服务变成利润。在当今这个商品丰富的年代，满足消费者需求已经没有了壁垒，企业也很难发现消费者没有满足的需求在哪里。

当衣服遮体、食物果腹、房子挡雨的浅层次需求满足变得非常简单时，人们的需求就会发生深层次变化。

心理学家亚伯拉罕·马斯洛把人类需求分成生理需求、安全需求、社交需求、尊重需求和自我实现需求五类，由较低层次到较高层次递进。

需求层次理论有两个基本出发点。

一是人人都有需求，某层次需求获得满足后，另一层次需求才出现。二是在多种需求未获得满足前，首先要满足迫切需求。该需求满足之后，后面的需求才显示出其激励作用。也就是说，人们某一层次的需求相对满足了，就会向高一层次需求延伸，追求更高一层次的需求的满足就成为驱使人们行动的动力。相应地，获得基本满足的需求就不再是一股激励力量。

时代的激烈竞争的突出表现就是消费大众的需求不断向深层次移动，由需求满足到价值实现。

企业在经营过程中便可以根据五个需求层次划分出五个消费者市场。

一是针对生理需求，满足最低需求层次的市场。消费者只要求产品具有一般功能。

二是针对安全需求，满足安全需求的市场。消费者关注产品对身体的影响。

三是针对社交需求，满足交际需求的市场。消费者关注产品是否有助于提高自己的交际形象。

四是针对尊重需求，满足对产品有与众不同特点的需求的市场。消费者关注产品的象征意义。

五是针对自我实现需求，满足对产品有自己判断标准的需求的市场。消费者需求的层次越高，其需求就越不容易被满足。

从企业的营销角度来讲，“消费者获得的满意度≈消费者愿意支付的价格”，也就是说，同样的产品或服务，满足消费者需求层次越高，消费者能接受的产品定价也越高。市场的竞争总是越低端越激烈。价格竞争是将消费者的需求层次降到最低的营销手段，消费者感觉不到其他层次的满意，他们愿意支付的价钱当然也就越低。

这样的划分是以各产品分别满足不同层次的需求而设定的。消费者的满意度越高，所达到的层次也越高。

以洗发水举例，具体如下所示。

第一层次，生理需求。消费者关注“产品确实是洗发水”，只要能洗干净头发，产品价格越便宜越好。

第二层次，安全需求。消费者关注“洗发水质量好”，在价格相差不是很大的情况下，选择质量较好的洗发水。

第三层次，社交需求。消费者关注“洗发水对于交际的影响”，比如洗发水能去头皮屑、使头发柔顺、有香味、包装精美等附加功能以及有良好的品牌形象，都能让消费者愿意付出更高的价格。

第四层次，尊重需求。消费者关注的是“获得别人认可”，把产品当作一种身份的标志，优秀的生产技术、独特的包装、独一无二的功能等，甚至高价格都是让消费者选择的理由。

第五层次，自我实现需求。消费者已经满足了第一至第四层次的各种需求，他们对洗发水的认知已经转变为某个品牌对其生活具有影响，比如品牌内涵恰好表达出消费者的心中所想，也就是说，洗发水的品牌精神对消费者的选择影响很大。此时，消费者认定的是价值共鸣而非产品的单一功能。

对消费者需求的五个层次分析可以看出，在低端市场里的产品只需要拥有最基本的功能就可生存。然而，技术的进步使得不费吹灰之力商家就能使产品拥有基本功能，企业为了保持市场份额就不得不以价格作为支点进行竞争，所造成的后果就是利润微薄、难以为继。所以，企业必须放弃这一低端的经营手段。传统的产品功能满足基本需求的时代已经过去，取而代之的是打破需求边界、为消费者创造价值，这就是新环境下的经营本质。

3. 三种边界

什么是升维思维？简单来说，它就是跳出眼前的问题，通过确认更高一层的问题是什么，而找到解决方法的思维方式。

什么是眼前的问题？就是所有人都能看到的、显而易见的、呈现在眼前的那个问题。

那么，什么是更高一层（一维）的问题呢？

更高一层（一维）的问题一共有两种。

一种是只有跳到更高一个层级上才能看到的问题。比如：在我们遇到关于“自我身份”的问题时，可以跳到比身份层更高一层的愿景层看看。当我们站在更高一层看问题的时候，我们常常能看到不一样的东西，从而轻易就解决掉身份层的那个问题。当我们遇到能力问题的时候，也可以试着跳到比能力层更高一层的价值观层上看看，从而让能力层上的问题迎刃而解。

另一种是只有跳到更高一个维度才能看到的问题。比如：眼前的问题是一个关于“点”的问题，通过升维思考可以将其升高一个维度，即跳到“线”这个一维维度，从“线”的维度去思考解决方法。

乔布斯曾说："有些人说，消费者想要什么就给他们什么。但那不是我的方式。我们的责任是提前一步搞清楚他们将来想要什么。""提前一步搞清楚他们将来想要什么"代表的正是乔布斯升维思维的一个内容。

眼前的问题是客户现在需要什么样的产品，而如果将这个问题升高一个层级，问题就变成了：客户在未来需要什么样的产品。

升维思考可以帮助企业将注意力从现有的竞争环境与现有的客户需求上移开，将思考指向"更高一层的问题"，从而提前一步走向未来，获得巨大的商业成功。

升维能使企业在同一领域的赛道中选择差异化发展，在不断创新中形成错位竞争。大量商业实践表明，任何一家缺乏特色的企业都难逃同质化竞争的宿命，而能够杀出重围的往往是那些走差异化发展道路的企业。而要实现差异化发展，有两条路可走：要么走价值创新道路，要么走成本领先道路。若企业家能够站高一线，就能明晰自己应该走哪一条差异化发展道路，然后突出重围，站上与其他企业不同的赛道，更可能轻松地成为行业领军企业。

升维是择高而立。所谓择高而立是指选择高的地方站立，只有站得高，才能看得远，看到事物的本质。

在石器时代，人类住在山洞里，全靠双腿走路，活动范围只有几十公里；到了农耕时代，人类可以骑马坐船，活动范围达到了上千公里；到了工业时代，人类制造了汽车、火车、飞机，活动范围几乎遍布整个地球；再到现在的信息化时代，人类开始探索太空，走向宇宙。这就是择高而立。企业也是一样，一个企业的发展过程就是不断升维的过程。从一开始几个人到几十个人、几百人，再到几千人、几万人、几十万人；从服务一个区域到服务一个国家，再到服务全球……在这个过程中，企业家不断地择高而立。除此之外，在一定程度上，升维也是一种选择，那么是选择择高而立，还是选择宽处以行？比如，你是想做雄鹰、鸿雁还是麻雀？雄鹰能飞上万米高空，能活 50 余年；鸿雁能飞千里，能活 20 余年；麻雀能飞千米，只能活 10 年。你可以选择做雄鹰、做鸿雁，也可以选择做麻雀。行动教育立志要让企业家成为伟大的、受人尊重的人，行动教育选择的是做雄鹰。你也可以做一个选择，选择成就一项非凡的事业。既然升维只是一种选择，那么为什么企业一定要择高而立 、不断升维呢？ 因为升维能从高度、速度、角度上给企业带来三种价值，即能够让企业顺势而为，能够让企业站高一线、找到好的赛道。

在无边界时代，采用无边界商业模式的企业在市场竞争中往往是“大小通吃”的。行业边界随着移动互联网的发展越来越模糊，跨界转型成为行业巨头的玩法日益更新。在这种弱肉强食的市场环境下，不朝行业的标准努力奋斗，很容易被竞争对手打败。

升维能够帮助企业建立标准，能够“以终为始”，即以终点作为开始。无边界企业，要从一开始就确定一个高远的目标，胸怀大局，不断提升，打破边界，升维边界。

企业边界包括三种，分别是产权边界、规则边界和信用边界。那么，这三个边界究竟如何打破呢？这是需要企业在无边界跃迁过程中不断思考、不断突破的新问题。

4. 三种边界之产权边界

在过去的世界里，传统企业的边界是由资产和股权决定的，而企业之间的能量、物质交换靠物流来完成。这就是人类所熟悉的传统商业世界——一个以产权决定边界的低维世界。

企业产权是以财产所有权为基础，反映投资主体对其财产权益、义务的法律形式。一般情况下，产权往往与经营性资产相联系，对应于投资主体向企业注入的资本金。投资主体向企业注入资本金，就在法律上拥有该企业相应的产权，成为该企业的产权主体。

企业产权的形态，即通常所讲的产权的实物形态、产权的股权形态、产权的债权形态。

产权的实物形态表现为对资产直接的实物占有。产权的股权形态表现为对资产通过持有股权的形式来占有。以股权形态存在的产权具有相对独立性，股东作为公司的所有者虽然可以依法处置他拥有的作为公司产权凭证的股份，但却无权自作主张地处置公司的财产。因此，股权关系的变动往往并不影响公司财产的完整。产权的债权形态表现为经济主体将资产放贷出去之后对这部分资产形成的债权占有。

企业产权制度是市场交易和使用合同的结果。法律和政府当然对公司制度的发展和规范起到了重要作用，但公司制度本质是市场交易和使用合同的产物。公正平等(权利平等)、自由交易、诚实信用、等价有偿、禁止越权侵权等是市场经济运行的基本原则，也是现代民法确立的基本原则。遵循这些原则，市场主体通过对信息、决策、交易、代理、风险等经济活动环节或方法分析，对经济活动中的生产、管理、交易等方面的成本和收益权衡，以长期有效但不完全的生产要素合同的形式替代一次性的市场交易和合同，企业及公司从而产生了。

从历史方面看，公司享有财产所有权是公司法人制度发展的必然结果。传统企业如果产权边界不清，会导致各种权利之间的界限不明，就不能分清各权利的责与利，可能会形成多头控制、不利于企业管理效率提高，也有可能利益分享不公，损害了主体利益，使得交易费用增加、市场失灵，进而严重影响资源的有效配置和经营效率的提高。因此对于传统企业而言，产权的边界清晰是产权清晰的重要方面之一，只有明确了产权边界，明确各经济主体的权利界限，建立起财产的排他性，才能保护产权所有者合法权益。

然而进入无边界时代，当企业迈向无边界商业模式使用之后，产权边界会出现相对的“无边界”。无边界企业依靠战略联盟方式扩张，通过协作更大限度地利用合作伙伴的经营资源，不再是通过以增设组织机构、新建厂房、增加雇员等传统经营方式扩张。这种方式快速增强了企业的研发、生产、销售等功能。简言之，无边界企业是无形资源的扩张，而不是有形资源的扩张，从而有效地避免了产生纵向一体化的弊端，降低了生产成本和组织成本，从而使得很多生产资源可以共享，于是产权边界出现了相对的“无边界”。

无边界企业是在互联网经济条件下，企业之间核心能力相互渗透的结果。无边界企业的形成改变了传统竞争优势基础，产生了传统企业无法比拟的竞争优势。对无边界企业来说，在边界升维之后，不管是动态配置核心能力的形成，还是本身的价值形成，都是一个资源、服务、品牌和文化整合的过程。随着新兴市场关系的形成，企业将战略、流程、学习能力和外部资源等的开发包共享到一个统一的平台中，既形成了企业价值的竞争力，同时也为自身发展增加了可供共享的资源，拓展了成长空间。与此同时，企业通过将不同企业的能力要素进行组合，使各企业能够利用对方的资产来发展自己，实现无边界发展。

因此，无边界企业的边界升维之后，无边界企业的产权边界相对弱化。

5. 三种边界之规则边界

无边界跃迁促使企业数字化发展，成为一个开放的系统，突破规则边界，打造全球高质量竞争力。

互联网使企业组织以规则为边界。在这个世界里，只要用互联网企业的平台，就要遵从平台的规则，而互联网企业利用信息流让大家在规则范围之内运转。

怎么理解规则边界呢？

用网约车平台来举例说明，网约车平台可以利用系统为司机和乘客进行双向的匹配，那么网约车平台只是起到了为用户提供方便的作用吗？不是的，另一点也是更重要的一点，是网约车平台改变了打车领域的规则。

网约车平台会给乘客和司机二者补贴，很多人在起初是难以理解的。但是现在越来越多的人开始理解了网约车平台“烧钱”背后的逻辑，即平台是为了抢占市场规模。但是大家还没注意到，网约车平台的补贴行为是在推销平台所制定的规则。

过去打出租车的规则（流程）是什么？

你到大街上一招手，来了一辆出租车，你对司机说：“师傅，机场去吗？”

司机说：“机场不拉，太远了……”

你说：“那去火车站吗？”

司机说：“火车站更不去，太堵了……”

然后司机一脚油门开走了，留下你在路边，继续拦车。

那时的出租车司机会挑活做，而现在打车的规则（流程）变成什么样了？

现在是你在家里提前打好车，车到了才慢悠悠地下楼，上车以后也不用跟司机讲去哪里。司机跟你对下手机尾号，然后车就开出去了。而且到达目的地后不用交钱就可以下车走人。

所以，网约车平台最大的贡献是它重新定义了打车行业的流程和规则。很多人都在讲互联网公司优化了消费者的服务体验，难道仅仅是体验吗？当然不只是体验。服务体验的优化只是一个浅层次的表现，更深层次的本质是一些互联网公司重新制定了各行各业的新规则。

为什么现在人们越来越不爱去逛商场了？因为如果要买双鞋，可以躺在床上，打开各种网购软件，可以按价格、销量排序，按风格筛选，来挑选想买的鞋子。但是在商场呢？为了买一双雪地靴得满商场跑，找了好多店才发现一家店的角落里放着三双雪地靴，很可能还没有需要的款式和尺寸的鞋。人们发现自己越来越难以适应传统的商场购物方式了。

在互联网界有一个说法叫“code is law”——代码即法律，代码即规则。

比如开发了一个系统，在这个系统范围内，所有人都得按照这个系统的规则办事，而人们一旦适应了这个规则，就无法再接受传统企业的规则了。

“代码即法律”，那么，为什么互联网企业制定的规则就高一个维度呢？因为互联网企业的资产可以扩张到其并不拥有产权的资源中去。

来看一看网约车平台制定的规则，比如某司机花了 16 万元买了辆车，用这辆车加入了网约车平台的快车队伍。这辆车的资产属于谁呢？这辆车的产权当然是属于该司机。但这 16 万元的车算是网约车平台的资产！一家互联网公司的资产评估不是看它所拥有产权的各部分资源总和有多少，而是评估它能够动员的那部分资源的总和有多少。如果一个网约车平台能够动员 500 万辆车为它工作，那这和它买下 500 万辆车让它接活带来的效果是一样的。

如果还是用同一套软件系统，网约车平台一旦能够动员 1000 万辆车为它工作，那么该网约车平台的资产就相当于翻了一番。然而，这 1000 万辆车的产权根本就不属于这家网约车平台公司。

所以，虽然网约车平台每年都在亏损，但它的市值很高，因为要看网约车平台能够动员的资产是多少。

对于企业是同样道理，假设某个企业做的是服装行业，如果能够把上游几百家织布厂都控制在自己的规则之中，那么 3 年后，企业再做资产评估时，上游这几百家织布厂的资产所创造的价值也都算是这家企业的了。虽然这些织布厂的产权不在该企业名下，但是因为这家企业为它们提供了所有的订单——订单决定了这些织布厂生产的布是什么颜色、用什么材料、什么尺寸……这些织布厂离开这家企业的平台就会倒闭，就像网约车平台司机离开平台就没法再接单赚钱了一样。如果能做到以上内容，那么这家企业就重塑了整个行业的规则。

在规则边界中，企业不只是一家企业，而是拥有了整个行业，而且企业边界消失了。

数字化企业是一个开放的系统，企业要考虑如何利用全球先进的技术整合企业内外的资源，为客户提供更好的服务，就要重塑规则边界。数字化企业无边界，但其企业规则是有边界的，生产要素在内部和上下游生态间有序流通，其规则边界的存在即要确保企业的数据主权。采用无边界商业模式要求企业既要协同伙伴和开发者共同实现突破边界，围绕着数据、能力、协作和文化 4 个方面，形成行业的数字化解决方案和服务，形成行业的数字化战斗力。同时企业的开发者和伙伴也要共建企业数字生态，共同构筑企业的规则边界，提高面向未来的竞争力，这是企业数字化的核心目标。

无边界跃迁中，数据已经成为企业最重要的生产要素。企业数字化转型要实现企业的人力资本、资金资本和数据资本的增值。数据只有流通起来才能发挥最大的价值，而数据方面也面临传播迅速、容易复制、确权困难、难以估值等现实问题。因此很多企业和部门也容易陷入将数据变成私产的僵局，数据在企业间、行业间难以有序流通，容易形成数据的“孤岛”。因此，规则边界非常重要。

这是一个快速变化的时代，企业面对着急速变化的市场需求和不确定的外部商业环境，如何能让数字化能力快速地在企业各业务过程之中共享使用，并通过标准化的服务提高整个企业的数字化能力？可组合的业务能力已经成为业界数字化的焦点。实现运用可组合业务能力的关键是标准化，标准化就意味着有规则，在无边界跃迁的过程中就意味着规则边界的确定和认可。要识别出一个企业在各个业务体系内基础的核心业务能力，形成标准化的模板，从而准确确定规则的边界。

同时，建立业务能力要提供差异化的定制服务。对于不同业务场景存在不同的诉求，元数据驱动的多架构是快速实现业务能力扩展复制的关键。基于元数据的驱动，企业在全球化以及业务的多样性的构建过程中，业务能力能够快速复制、灵活扩展，规则边界清晰而有效。

过去的运营系统基本上是基于报表的系统，是一个事后的报告系统。未来的数字化运营系统有七大职能，包括业务监控、业务预测、业务预警、业务协调、业务调度、业务决策和业务指挥，是一个覆盖所有业务活动全过程的、实时的，包含事前、事中、事后的业务决策和业务管理的系统。因此在这个真正的运营系统里，规则是明确的，规则的边界是清晰的、有效的。

企业数字化转型需要构建一个强大的数字化平台，想要真正地为研发、销售、制造、供应链、财经、人力资源等多个领域提供数字化服务，包括服务很多不同层级的公司，企业和行业都离不开一个强大的平台。未来的数字化企业是“平台 + 服务”模式的，强大的数字化平台加上百花齐放的服务，共同形成面向未来的竞争力。

企业要做好数字化转型，不仅需要一个强大的数字平台，还需要技术和行业合作伙伴的大力支持，才能形成各个行业共同繁荣的局面。因此行业要对整个数字化基础设施进行全面升级，概括地讲，就是要构建产业互联网能力，要构建基于云的技术能力，要对传统的 IT 从业务逻辑、数据到基础设施的服务进行升级；同时要打造现代化的应用，沉淀通用能力，建立可组合的业务应用系统，快速低成本支撑业务的成功完成。

这就需要集众智、聚众力，供给侧要提供相应的技术，行业侧要沉淀相应的能力，共同来跨越行业和技术之间的鸿沟，形成企业面向未来的高质量竞争力在这个无边界跃迁过程中，众多企业都要参与到数字化过程中，每个企业都要有自己清晰的规则边界，才能共同发展，相互促进，同时保有各自的核心竞争力。

6. 三种边界之信用边界

现代市场经济是信用经济，没有成熟的信用社会就没有成熟的市场经济。市场经济条件下，从信用主体角度来看，社会信用体系由政府信用、企业信用和个人信用构成。而无边界时代，信用更是企业发展的前提，政府信用是社会信用的基石，个人信用是社会信用的基础，而最关键、最活跃和最具影响力的是企业信用。

企业信用不仅在金融市场被投资人或贷款人关注，而且在一般交易市场上也被多方重视，随着经济契约化和企业无边界跃迁的发展，企业信用将成为合作与交易的先决条件。企业信用体系建设是整个社会信用体系建设的重中之重。

企业信用体系建设是一项复杂的系统工程。它是指在政府的推动下，通过社会各方的密切配合和信用中介机构的市场化运作，逐步建立和完善适应市场经济发展要求的、符合国际标准和我国实际的、涉及企业信用的一系列法律法规、评价技术、组织形式以及相应的管理制度等；最终建立起完整的信用信息系列产品，在规模、质量和类别上满足社会有关各方的需要。企业的信用意识和信用管理水平不断提高，形成良好的信用秩序和信用环境，让诚实守信者获利，违约失信者失利；降低交易成本，提高资源配置效率，有力地推动信用交易的扩大和经济的发展。

企业信用体系建设的基本内容包括：企业信用信息征集，它是企业信用体系建设的基础；企业信用标识制度的确立，它是企业信用体系建设的前提；企业信用评价技术的开发，它是企业信用体系建设的关键；企业信用信息系统的建设，它是企业信用体系建设的载体；企业信用体系建设组织机构的建立，它是企业信用体系建设的保证。

随着企业的无边界跃迁，企业信用体系的边界逐渐发展，目前来看，无边界企业的信用边界包括三方面内容：一是企业信用管理体系相关的法律规章的建立和执行，包括信用信息采集制度、使用的法律规范和违规行为的惩罚机制的建立和完善；二是征信（信用调查）资料的开放和征信企业合法的市场化运作；三是政府或民间机构对信用交易和征信企业的管理。

这三方面内容既有先行和后续关系，同时又是相辅相成的。

首先，法律规章的建立是信用体系培育的必要条件（这一点是对尚未建立起信用管理体系的国家而言的，与以美国为代表的“市场催生法律”有所不同）。因为无边界企业信用管理体系的建立意味着对旧有的处于条块分割、隐秘状态的企业信用资料、信息的重整和公开，不可避免地会触及一些既得利益和企业机密，对这些既得利益加以甄别并分别给予市场化的补偿或人为的剥夺与对企业机密进行界定和保护，就成为法律方面所需完成的工作。必须指出的是，企业信用体系的建设是市场经济发展的呼唤，是无边界商业模式发展的需求，因此企业自身的运作就更应该符合市场经济的规则。

从这一情况出发考虑，与企业信用体系建设相关的法律不应当是企业信用程度高低的评判者，而应当是游戏规则的制定者和维护者。例如企业拒不履行合同、严重拖欠货款，工商部门有权吊销其营业执照，但这是行政法律权力的使用，不是无边界商业模式的方法。市场经济背景中，无边界商业模式的方法就是一旦企业出现不良记录，该企业就自然而然地失去了在市场存在的意义——所有企业都不会再和它做生意。

其次，征信企业的产生和运营是企业信用体系运行的核心环节。征信企业是依据法律规定无偿或有偿获得征信资料，加以统计、整理，最终形成企业信用报告并通过有偿提供给使用者获得回报的企业，“中立”和“高效”是征信企业的基本特性。

最后，征信企业运营情况、所遇到的问题通过有关政府和民间机构反馈到立法机构，促进相关法律的健全。

企业的信用边界在无边界商业模式中之所以获得广泛认可和发展，在于它具有融通资金、促使货畅其流的功能，发挥着调剂资金和节约费用的作用，大大提高了商品流通的效率和资金的使用效率，能够扩大投资总量和提高消费总效用，并且有利于优化资源配置。同时，政府还能够借助它调控宏观经济的运行。

说到企业的信用边界，我们还会发现，几乎所有的国外互联网巨头都在做自己的货币，比如脸书和亚马逊，它们都在做数字货币。为什么要做货币？在产权边界，企业拥有一样东西的产权，就可以用这个资源。在规则边界，谁用了某个企业的软件，遵循了某个企业的规则，这个企业就可以调用这些资源。而在信用边界，谁使用了某个企业开发的货币，就是这个企业的忠实客户了。但目前这并不是被广泛认可的，只是存在的一个现象。

7. 无边界跃迁助力企业转型

企业在数字化转型过程中，大多会遇到一个典型的难题，那就是应该从哪个环节着手进行数字化转型。企业已经走到了数字化、智能化的当口，传统产业领域的企业必须经历信息化建设，走向数字化、智能化转型升级。互联网和数字化浪潮推波助澜，市场倒逼，使得企业走到了这个关口，然而大部分企业理解的数字化变革还是利用智能技术提升企业运行效率。

理解互联网变革就是理解传统产业如何互联网化，就是理解传统业务如何利用互联网技术、对接互联网平台、实现互联网化运作的转型，这个阶段的完成看上去很容易，其实很难，互联网化、数字化、智能化，这一系列过程的跃迁，企业的转型，都依赖于无边界跃迁。数字化变革需要云技术、物联网技术、人工智能技术的支持。

那么如何从工业化到互联网化，如何从互联网化演化跃迁到智能生态战略阶段？这不只包含一家互联网企业的战略演化逻辑，更包含了互联网企业如何从传统产业中突围的内核逻辑，包含了互联网企业突破传统产业运作逻辑实现高速发展的内核逻辑，包含了互联网企业破除技术和创新壁垒实现超常规发展的内核逻辑。对于传统企业来说，深入理解系统演化战略，找到传统业务数字化转型突破的规律和抓手，依赖无边界跃迁，就能找到数字化转型的准绳。

对于无边界跃迁助力企业转型，企业必须明白三个逻辑，它们分别是飞轮增长逻辑、网络效应逻辑、结构效应逻辑。

飞轮增长逻辑源自经济学中的飞轮效应。飞轮效应的本质就是为商业系统建立最内核的业务运作驱动和增强回路，使在这个内核逻辑上每运行一次业务就能强化一次，不断形成增强回路进而自发地运转起来。这个内核逻辑可以理解成商业模式设计中最基础、最原始的增长逻辑，这里的增强回路中有初始驱动力、关键因果链、增强回路、调节回路以及滞后效应五个维度。飞轮效应是所有互联网企业快速增长、无边界扩张的第一性通用原理。

网络效应是互联网生态增长的本质、价值与流量的增强回路。说简单一点，网络效应就是产品对一个用户的价值，它的大小取决于使用这种产品的用户数量。用户越多，产品价值越大；产品价值越大，用户也就越多。这样就形成了价值和流量的增强回路，并且随着流量的指数级增长和系统价值的不断涌现，互联网商业系统会不断跃迁到巨量的生态系统层面，演化出无穷的商业模式、价值效用、作用结构，呈现出复杂生态系统的特性。网络效应逻辑是互联网商业的本质逻辑，就像工业化时代的规模效应一样，网络效应会向着边际成本递减、价值递增的趋势滚雪球。

最后是结构效应，它超越时空、重构商业要素，实现企业的自我进化，依赖无边界跃迁实现人货场重构。互联网电商和商业零售的本质在于人货场，人货场是线上也是线下商业的关键。人货场的概念看似简单，其实所有的线上线下零售商业模式中的要素、结构、流程、技术、创新都离不开人货场，而且也离不开其逻辑。卖什么、卖给谁、在哪卖，不管是过去的线下经营形式，还是电商、新零售、社区团队，都是围绕人货场的。

以线上零售 1.0 为核心的人货场战略是最初的发展阶段战略，主要工作是建立电商平台，把商家和消费者会聚到平台上。平台是核心，人与货形成价值轮动。以线上零售和内容 2.0 为核心的人货场是前些年的发展战略。进入线上零售 2.0 时代，内容电商、内容生态圈成为战略布局的核心，建立了包括小红书、新浪微博、平台自我孵化等内容电商模式，不断扩大内容电商生态圈。这几年发展则到了以线上零售与内容及数字科技为核心的 3.0 为核心的人货场媒数阶段。内容电商和社交电商的崛起，标志着智能时代、算法时代的到来。生态与用户直接的连接越来越紧密，用户对体验、品质、个性化、社交的要求越来越高，整个商业系统逐步智能化、数字化、生态化。这就是结构效应的演化逻辑，结构效应是无边界跃迁助力企业转型、飞速发展的突出表现。

其实不管哪种演化都是在网络协同效应作用下的不断创新。这种创新是无边界跃迁的典型特征，把环境和用户解构到极致，利用持续技术创新开展系统演化，这就是工业化时代向智能化时代，进而向无边界时代跃迁的典型代表。企业从工业化商业模式跃迁到互联网化商业模式之后，又从互联网化商业模式企业到智能化、无边界商业模式，这就是数字化转型的必经之路。

第八章

看他山之石：
无边界模式典型商业案例解析

1. 抖音：开启无边界模式

抖音是采用无边界商业模式的典型代表。它是个互联网平台，然而却早已开启了无边界的模式。字节跳动这个互联网企业早已触及了美食、餐饮、酒店、民宿、电商等方方面面。

抖音从进入公众视线到现在，逐渐被普及使用。抖音不仅成了大众娱乐、休闲的App，也是交友、购物的平台。抖音是字节跳动旗下用户最多、营收占比最大的产品。抖音的服务半径从视频内容消费延展到用户生活的方方面面。抖音还布局了线下，在北京、上海等城市一些餐厅的餐桌上有抖音的点餐二维码，用户扫描这个二维码后会进入这家餐厅的抖音主页。餐厅的介绍视频、团购优惠、服务产品都会在这个界面进行集中展示。如果用户对其中的某个套餐、某款菜品感兴趣，还可以直接在抖音里购买，然后在店内使用。抖音的线上支付功能还使得用户在抖音内的“线上种草”和线下消费形成了一个交易闭环。围绕“服务”这个关键词，抖音在产品层面做了密集的迭代。抖音同城的优惠团购直达线下。团购业务涉及美食、餐饮、酒店、民宿，用户可以直接点击页面参与商家促销活动。在抖音同城页还可以快速定位，使用线下实体店寻找功能。

近几年，互联网的内容形态已从图文向视频转变，信息传递的介质变化了，原有的商业模式、服务模式都有了改造和升级的空间。抖音升级服务的形式也都是基于视频内容和视频化的表达展开的。

如今，用户在抖音搜索到的美食、玩乐、热点资讯等内容都是以视频的方式呈现，用户可以通过视频内的相关链接进行线上支付，购买服务。这正是通过短视频“线上种草”、线下消费的新模式。抖音利用视频化的内容帮助用户发现自己的潜在消费需求，帮助商家把商品推荐给对其更感兴趣的人。为了强化用户与视频内容的连接、提升用户找寻视频化服务的能力，抖音还特定上线了内容从科普知识、旅行记录，到分享育儿职场的生活经验的视频，以便于用户更好地使用抖音。

如今，抖音已经成为国民级的应用，它从涉及搜索、电商，到本地生活，进入一种“无边界”的状态。

而因为越来越多的用户通过抖音联络彼此，抖音又逐渐开发社交功能，不断完善内部社交功能，以实现抖音用户之间更广泛的连接。

抖音正逐渐从一种娱乐方式、社交方式变成一种生活方式。当一款产品拥有足够大体量的用户之后，用户生活方方面面自然会被更多地连接到这款产品上。

2. 小米：全场景、无边界发展

从智能手机到智能电视、互联网盒子、平板电脑，再到空气净化器，小米全场景、无边界的扩张脚步从未停止。

从生产手机开始起家的小米给中国很多手机用户带来了福音，那些原本只可能购买山寨机的用户终于有了属于自己的品牌。随着小米的扩张，山寨机的生存空间被严重挤压。小米用低价而相对优质的手机挤占了手机市场。

在智能手环的价格普遍在300元以上时，小米以79元的白菜价占领了智能手环市场；在空气净化器平均售价在2000元以上时，小米的空气净化器只卖899元……小米的每一个产品都以优惠的价格和良好的质量抢占市场、颠覆市场。

小米逐渐建立了属于自己的“生态圈”，全场景、无边界，它凭借优惠的价格和出色的营销搭建了一个庞大的生态帝国，涉及智能家居、家电等多个产品线。

小米绝对不是一家投资公司，它做生态链是为了增强小米产品的竞争力。小米从刚刚成立打出“为发烧而生”这个口号开始，推出小米系列手机和红米系列手机。随后，从智能手环到智能家居，小米的用户真的一步步成为小米的发烧友，逐渐有了小米电视、小米路由器、小米插座、小米净化器……小米一步一步无边界发展、全场景发展。

比如小米插座，它除了具有普通的通电功能，最大的特点就是具有智能属性。通过植入 Wi-Fi 模块，插座也能联网。用户通过使用手机 App 连接了插座以后，无论何时何地，只要有网络，就能随时地控制插座开关，让用户收获了便捷，也帮助小米进一步完善了用户日常行为画像。而且远不止如此，除了众所周知的手机、手环、电视和路由器，小米还在白色家电、酷玩产品、生活用品、制造资源等六大方面有长远的发展规划。

小米正在以手机用户账户为中心，以路由器、电视、插座、手环等周边智能产品为流量入口，打通服务用户日常生活中的用、住、行等多维度场景，从而构造一个日渐丰富的小米生态链。

传统制造业越发艰难，并非由于经济快速衰退，而是用户的需求和销售的模式已然改变。因此，越来越多具有远见卓识的企业在加速追求四个现代化：企业平台化、品牌人格化、产品个性化、全员创客化。

所谓小米生态链，乃至打通了电商、移动互联网之后的小米生态圈，其实都是以账户体系为中心打通企业的上下游和前后端，促成数据流通、信息流通、价值流通，平台生态化，实现不同生态节点的共生互生再生。

3. 字节跳动：无边界野蛮生长

如果从今日头条上线的2012年算起，字节跳动这座“公司丛林”中的活火山一直持续剧烈地喷发至今。在《胡润2021全球独角兽榜单》上，字节跳动以2.3万亿元估值超过蚂蚁集团和马斯克的SpaceX，成为全球最大独角兽。字节跳动一直以来都是无边界野蛮生长、疯狂扩张的典型代表。

2020年，字节跳动人员规模从6万人直接扩张到10万人。2021年，字节跳动各个产品线上的扩张不断加速。相比曾经的微软、阿里、腾讯等互联网科技企业，字节跳动的人员增长速度大大加快，超过了它们。其他公司往往二三十年才能达到某种规模，字节跳动压缩到了七八年。这个疯狂成长的全球第一独角兽不断地无边界疯长。

如哔哩哔哩董事长陈睿曾接受《晚点LatePost》采访时的评价所言，“《狮子王》中有一句话：‘太阳照得到的地方，都是我的疆土。’我认为张一鸣真正的梦想是做一个Super Company，一个突破人类过去商业史所有边界和格局的Super Company。”

从某种意义上来讲，致力于无边界的野心与苦寻新的增长点是一回事。今日头条和抖音、TikTok 上线之后，字节一直在不遗余力地寻找新的增长曲线，自 2018 年开始，抖音就进入了游戏、教育、社交等新市场，孵化了数十个新产品。

字节跳动的创始人张一鸣一直认为字节跳动是一家浪漫的公司，更为准确的说法是“浪漫且务实的公司”。在他眼中，做正确的事才是务实，短期投机不是务实。大力出奇迹是务实，刨根问底是务实，抓住本质是务实，尊重用户是务实，认识世界的多样性是务实。

也因此，有着“浪漫且务实”想法的张一鸣说：“虽然公司业务发展良好，但希望公司还能持续有更大的创新突破，变得更有创造力和富有意义……聚焦远景战略、企业文化和社会责任等长期重要事项，计划相对专注学习知识、系统思考、研究新事物、动手尝试和体验。以十年为期，为公司创造更多可能。”

张一鸣自称“不是传统意义上的成熟管理者”，他只是一个不擅长社交的理科男。但是作为公司的创始人，在创业阶段以及公司高速发展的阶段，担任管理者和领头羊是他不可推卸的责任。

刘强东曾经说：“只有拥有自我迭代、自我革新和自我反思能力的企业，才能成为真正伟大的企业。”如今市场充满不确定性，过去的增长模式遭遇挑战，字节跳动需要去除沉疴，找准未来的方向。

4. 美团：打造无边界商业版图

众所周知，美团以“吃”起家，主要收入来源于外卖。

俗语有云，“人是铁，饭是钢，一顿不吃，饿得慌。”外卖是生存必需品。但在产业多样化发展的势头下，对于美团来说，“专一”并不是长久之道，它早已致力于打造无边界商业版图。

2010 年，美团上线，成为中国最早的独立团购网站，与此同时带动了国内千家团购网站兴起，5000 多家团购网站同分团购这块蛋糕，势必有人分不到，所幸美团在千团大混战中生存下来。

2011 年，美团获得“年度最佳团购网站”称号。

2014 年，美团市场份额占比超过 60%。

2015 年，美团与最强劲的竞争对手大众点评合并，成立了新美大集团。

从团购发家到外卖行业封顶，美团建立起了一支“铁骑兵”队伍。

自 2017 年“饿了么”收购百度外卖以来，随着资本扩张以及市场的优胜劣汰，美团已经占据了固定的外卖市场。外卖市场已经形成“美团”和“饿了么”双雄角逐的格局。

2018 年，美团收购摩拜之后上市，估值超 450 亿美元。

2019 年第二季度，美团交上了一份更加亮眼的成绩单，首次实现公司整体盈利。紧接着第三季度，美团实现营收 274.94 亿元，同比增长 44.1%，净利为 13.33 亿元。2019 年，美团蛰伏八年之后独占鳌头，结束了八年的亏损，再度实现盈利。

在鲸吞外卖市场这块大肉后，美团通过将触手延伸至多领域，以追求建立综合产业链来实现商业帝国之梦。接下来，美团不断发力酒店、旅游、电影、出行、零售、金融等领域，甚至下血本抢先占领社区团购市场。2021 年美团宣布继续执行“Food + Platform”战略，拿下了社区团购这个高频且需求为刚性需求的市场。

而美团的创始人王兴本人在 2014 年就入围了“2014 年度华人经济领袖”名单，2020 年名列《2020 年世贸深港国际中心 · 胡润全球富豪榜》和《2020 年新财富 500 富人榜》，2021 年名列《2021 年福布斯全球富豪榜》。

如今的美团俨然建立起了一个“外卖帝国”，但美团绝不仅仅满足于建立一个“外卖帝国”，美团的创始人王兴带领美团持续实施 O2O 垂直领域扩张战略，全产业链发展，构建了一个被冠以“美团”称号的商业版图体系。

如今的美团服务涵盖 200 多个领域，业务覆盖了全国 2800 个县区市。

而美团的市值仅次于腾讯和阿里，是中国市值排行第三的互联网公司。

美团似乎在引导一个美团商业网联，将人们生活的方方面面通过美团与网络挂钩。

如今的美团在观望到花呗的利润后，推出“美团月付”“美团支付”等支付方式，快速进军金融领域。

或许美团的最高期望是仅用“美团”一个App统揽各个领域业务，实现一个美团即可满足用户全方位需求。

美团没有边界，在王兴的带领下，美团朝着国内一流企业目标发展，在无边界的扩张道路上高歌猛进。

5. 华为，无边界扩张的科技巨头

华为成立于1987年，是全球领先的信息与通信基础设施和智能终端提供商，致力于把数字应用带给每个人、每个家庭、每个组织，构建万物互联的智能世界。经过30余年的发展，华为目前已成为全球第一通信设备供应商、全球第三大智能手机厂商。

华为作为冉冉升起的科技巨头，其无边界扩张的业务架构设计突破了硬件与软件产业链的底层模型。基于互联网世界的底层算法，从生产关系和生产力角度来看华为的业务框架，华为消费者业务以手机为主入口，以平板、可穿戴设备等为辅入口，积极打造用户全场景智慧生活，主要分为智能手机业务、智能终端业务及网络服务业务。

华为的智能手机业务聚焦精品，自主创“芯”，改写全球智能手机市场格局。2011 年，华为创立自有品牌，尝试进军中高端手机市场，完成从 tu C 到 tu B 的华丽转型。2012 年布局“D/Mate”“P”“G”“Y”四大中高端手机系列产品，Mate7 的诞生成功打响了华为手机 tu C 转型弯道超车的最关键一役。

而在 0 智能终端业务方面，华为 PC、平板全场景覆盖，创造智慧生态新体验。华为的智慧生态业务聚焦智能家居和智能车载领域，为用户构建起万物互联的新世界。华为 HiLink 智能家居协议能够让接入平台的不同厂家设备互联互通，实现信息传递和共享。在智能车载领域，华为已与奥迪、奔驰、大众、丰田、通用等全球顶级车厂合作，为千万车主提供稳定可靠的车联网服务。

在网络服务领域，华为创新激发潜能，开启运营商成长新蓝海。华为 tuC 的网络服务以精准识别、渠道提效、市场拓展等手段，加速用户移动宽带业务升级，提升家庭网络服务品质，与全球 100 多个运营商合作部署 RuralStar 方案，为偏远区域数千万未连接用户带去移动业务服务。

华为坚持“平台 + 生态”的核心战略，通过智能互联打造数字中国的底座、成为数字世界的内核，业务范围还涵盖服务器业务、云计算以及运营商业务。华为在服务器领域深耕细作，实现了在该领域的弯道超车。在云基础设施服务领域，华为云算力推出 C3/C3ne 云服务器，结合昇腾芯片发布多款 AI 实例等，更好地满足了客户在智能时代对多元算力的需求。华为云 +AI 在 ICT 基础设施领域通过华为云提供在线云服务，全面进入“AI 新时代”，以极致的 AI 算力创造全新数字价值，全面提高行业生产力。华为企业智能云服务从“芯”出发，全栈全场景服务强力升级，发布“一站式”AI 开发平台，主要包括 EI ModelArts 和 HiLens，重点解决使用 AI 出现的速度慢、成本高等问题。

当下，华为的运营商业务以 5G 驱动业务增长，已处于世界领先水平，以“极简站点、极简架构、极简协议、极简运维”的最佳 5G 端到端解决方案，帮助运营商快速大规模部署高性能 5G 网络、降低成本、提高投资效率。以 2T 业务唤醒万物，释放全新生产力，通过构建大连接、云服务和智能 AI，在智慧城市、车联网、智能家居、智能制造等方面实现业务拓展。

华为在算法、算力、网络方面厚积薄发，持续构筑核心能力，5G 关键技术 Massive MIMO 全面领先，5G 微波开启全面商用的新征程。

在全球通信设备市场，华为持续研发投入、市场格局稳定、公司行业地位稳固，而中国是全球最大的 5G 需求市场，面向 5G 时代，华为有望继续保持占据全球第一的市场地位。

如今，华为已经开启了企业级服务，丰富行业数字化转型；创造智慧城市，开启美好未来。智慧城市就像一个有机生命体，而赋予城市生命力的，是神经系统。这个神经系统不仅包含城市大脑，还需要从大脑到末梢的神经网络。华为以云计算、物联网、大数据和人工智能等一系列最新规模商用的技术，打造智慧城市的神经系统和城市大脑。华为以“城市数字平台”为基础，主导的城市智慧大脑项目已经在全球数十个城市布署，成为全球城市智慧大脑领域的领导者。

在沙特，华为助力延布实现数字化转型宏伟蓝图，居民满意度提升至 90%；在南非、泰国，华为政务云解决方案助力政府资源共享、数据融合，不断提升政府信息化水平；在巴西，华为电子税务解决方案支撑电子发票开票量翻倍增长，助力国家税务改革；在中国，华为参与了北京、上海、天津、深圳、苏州、吉林、益阳、高青等 60 多个智慧城市项目，通过 5G、云计算、物联网等最新技术助力客户构筑善政、兴业、惠民的新型政府。华为已助力全球 40 多个国家和地区的 160 多个城市开展智慧城市项目建设。

还有华为移动银行业务，华为金融大数据，华为金融云，华为全闪存解决方案，华为远程教育、云课堂、教育科研网、校园网络、教育云数据中心，还有华为“全连接医疗”、华为智能交通、华为数字能源、华为平安城市、华为芯片……

华为的崛起完美地印证了无边界全球科技框架模型三要素：三张网的生产关系 + 三种基础设施的生产力 + 大数据的生产资料。

第九章

迈向全球化：商业边界可以无限延伸

1. 商业中的共同对象是用户

商业中的共同对象是用户，根据用户价值理论，作为商家，除了要关注所提供产品和服务的客观价值，更要关注的是用户感知价值。事实上，大家常用的“消费者”这个词有误导性，因为它是从公司销售的角度命名，而不是从关注消费者真正需求的角度。而且，“消费者”这个标签限定了市场研究的范围，强调销售量、使用率、市场份额等冷冰冰的数字，说明商家追求的是利润，而不是帮助人们提升自己。所以，商业的共同语言是用户，而不是“消费者”。

在商业价值中，收益成分包括显著的内部特性、外部特性、感知质量和其他相关的高层次的抽象概念。用户付出货币和其他资源（如时间、精力、努力）以获得产品或服务，对于那些价格感知程度高的客户而言，货币方面的付出是关键性的因素，减少货币上的支出即是增加用户的感知价值；对于那些价格感知程度低的用户而言，减少时间精力方面的支出更能增加感知价值。

价值感性认识依赖于用户进行估价的参照系统，即依赖于进行估价的背景。例如，在不同的购买地点购买时间、消费地点消费时间，用户对价值的感知就不一样，这意味着用户感知价值是动态的。

用户感知价值的核心是感知利益与感知付出的权衡，提升用户价值可以通过增加用户感知利益或减少用户感知付出来实现。围绕增加用户感知价值的途径，可以构建用户感知价值的指标体系。

对于商家而言，如何提高和增强企业的感知品牌形象、感知产品功能、感知产品的可靠性、感知服务的多样性和感知服务的可靠性等这些关键指标，并结合企业的实际情况和行业的特点，对每一项赋予一定的权重，着力增加用户的利益，是商家发力的重点，并围绕用户的感知货币成本、感知时间成本、感知体力成本和感知精神成本发力，着力降低用户的感知成本。

用户商业价值的概念是基于用户对商家的利益而言的。用户作为企业收入的来源处，是企业生存的基础。从战略的角度讲，用户不仅决定着企业的收入多少，而且是企业借助其品牌自身形象提高企业市场价值、建立竞争优势的宝贵财富。对于企业而言，用户是一种具有商业价值的利润源泉。对于某一企业而言，不同的用户具有不同的商业价值。

用户商业价值是以用户为载体。它体现了特定用户对于某企业盈利水平贡献程度的高低。用户商业价值最终将转化为企业的经济价值。它包括了用户自身购买及影响他人购买来为企业且最终可以为企业带来的经济价值。用户商业价值是一种总体性的价值，它是用户直接商业价值和潜在商业价值的总和。用户直接商业价值是指用户的购买活动为企业带来的直接财务收益。用户潜在商业价值是指用户从企业购买所有产品和服务所能给企业带来的声誉、未来增量购买等无形收益。用户商业价值是以付出一定成本为基础的相对经济价值。用户商业价值的实现需要企业对之吸引、获取、发展、维系，这些都需要一定成本。

用户商业价值是用户对企业产品或服务的购买量、用户营销成本、推动企业品牌增值作用等多种因素综合作用的结果。总体来说，用户商业价值由用户的既有价值、用户的潜在价值、用户的影响价值、用户的学习价值四大价值要素构成。

2. 用户的需求可以无限增加

用户的需求是什么？需求就是用户想要什么东西吗？要了解用户，就需要了解“场景”。

经济学赋予了“需求”一词这样的定义：一种商品的需求是指消费者在一段时间内、在各种可能的价格水平条件下愿意而且能够购买的该商品的数量。那么，按照这个定义可以推理出需求产生的重要条件是“用户愿意且能够购买”。

那什么是愿意呢？“愿意”可以理解为有做某件事的动机，从心理学的角度理解“动机”，就是由一种目标所引导的，激发和维持个体活动的内在心理过程或内部动力。

动机是一种心理过程，这种心理过程会激发和维持个体的活动；同时，动机是有目标的，这个目标引导个体行为的方向。

心理学上认为，产生动机的基础是“需要”（这里的需要指的是心理学中所定义的）。需要没有得到满足会引领人们寻找能够满足需要的目标或对象。一旦找到某个目标或对象，需要就转化为了动机。

需要状态是人们身体内部的一种不平衡的状态，表现在人们对内部环境或外部生活条件的一种稳定的追求上，并成为活动的动力源泉。这种不平衡状态包括心理上的和生理上的不平衡。生理需要有比如食物、水、空气、睡眠；心理需要有比如归属感、爱、尊重等。所以按心理学来讲，马斯洛的理论其实更应该称为“需要层次理论”。

那么，对于用户的“需要—动机—需求”理论可以通过下面的案例理解。

天气很炎热。打完篮球，小帅大量出汗、身体发热。（身体内部出现不平衡）

他感到有些难受，想要消除这种状态。（产生了需要）

于是小帅打算买一瓶冰镇饮料爽一下。（找到了目标，有了动机）

小帅一摸兜，没带钱，心想只能回宿舍喝水了。（因为不能够购买，需求没有产生）

抬头一看，舍友正好路过！于是小帅赶紧去找他借了钱，去小卖部买了冰镇饮料。（需求产生）

“嗝，真爽！”（需要被满足）

那么，用户的需求是固定的吗？

接着上面的案例来说明分析。

小帅喝着冰镇饮料走出小卖部，又看见小卖部隔壁的小吃店外售卖舍友最爱的现做冰镇酸梅汤，算算手上剩下的钱正好够买一杯，就买了一杯酸梅汤，给舍友拎回去了。

这个酸梅汤的需求就是根据场景的转换而即时产生的，所以用户的需求随时可以变化、更新。

还是以上面的案例说明，我们接着变换场景。

小帅给舍友买完酸梅汤，转身却看见了自己心仪的女孩倩倩。倩倩来小卖部买雪糕，小帅想请倩倩吃雪糕，可手上没钱了。这时候老板却追了出来，原来刚才小帅买冰镇饮料的时候忘了拿老板找给他的零钱，于是小帅灵机一动，对老板说："不用给我了，您给拿根雪糕吧！"

老板从门口的冰柜里拿了根雪糕给小帅，小帅递给了倩倩，这下完美了！

由此可见，用户的需求可以无限增加。商业的边界也是可以无限延伸的。麦当劳、肯德基可以卖图书，星巴克可以卖唱片，电影院可以卖手办、爆米花、饮品，书店可以卖奶茶、咖啡……

无限延伸当然也要有基础，首先，要抓住用户不变的需要。需求的本质是需要，而这种需要是生理性或者社会性的，在短时间内很难发生大的变化，要看到这些"不变的需要"。在上面的案例中，不变的需求是小帅买饮料，其本质需求是"解暑"。需求产生后，用户要找到自认为能满足自身需要的目标。这个时候，需求是可以被创造的，“解暑”的不仅有冰镇饮料，还有冰镇酸梅汤，以及雪糕……商家可以不断地创造新的目标，即创造新的产品和服务，来满足用户本质的需求。

各类需求不断地出现、无穷无尽。只有用户想不到的，没有商家做不到的，所以商业边界可以无限延伸。

3. 空间维度不再是阻碍

空间维度是地理现象的最基本特征，它是根据地理对象的实际分布特征以及地图表达的需要来确定的，包括 0 维、1 维、2 维、2.5 维和 3 维。简单地讲，商业中的空间维度更多的是指地理距离。当企业从一个熟悉的市场环境迁移到一个相对陌生的市场环境时，它们很可能会忽视一点，即自己面对的消费者已经成为实际上迥然相异的另一群人。

举个有趣的例子，美国小说家欧·亨利写过一个题目为《女巫的面包》的小故事。年近中年仍待字闺中的面包店女老板玛莎小姐注意到，有一个外表有些落魄、颇具几分艺术家气质的男顾客每天都会来她的面包店买上两个陈面包。陈面包的价格是新鲜面包的一半，看起来，这位潦倒的艺术家是吃不起新鲜面包的。时间过去，这位面包店女老板出于恻隐和倾慕，终于在某天鼓起勇气，偷偷地在两个陈面包里各塞进了一大片黄油。

但这个孕育着浪漫情愫的故事最终结果却是男顾客愤怒地回到面包店痛斥了玛莎小姐一番。原来，男子是个建筑图样设计师，他买陈面包是用来揉成面包屑擦铅笔印的，玛莎小姐的一番心意毁掉了他三个月的工作成果。

玛莎小姐的错误在于，她只知道她的顾客需要什么产品，但却并不了解顾客使用这种产品的情境，以及顾客真正需要这种产品的原因，这种不求甚解使她的好意实际上造成了顾客的麻烦。看起来很可笑，但在真实的市场中犯下这种错误的企业并不在少数，尤其是当企业从一个熟悉的市场环境迁移到一个相对陌生的市场环境时，它们很可能会忽视这一点：自己面对的消费者已经换成了实际上迥然相异的另一群人。

也就是说，即便是我们利用互联网技术全球化，商业边界可以无限延伸，企业也需要根据市场环境重新确定客户的价值主张，弄清楚新的消费者需要某个产品或者某种服务被需要的真正原因。对于企业来说，只有弄清楚顾客购买行为背后的使用情境和真实需求，才能为客户创造真正的价值，否则就很可能像那位面包店女老板一样，收到适得其反的效果。

曾经游历多国的法国人本杰明创办的8plus公司业务模式非常有趣。他的公司为世界各地的客户提供战略咨询服务，主要模式是将某图在某些产业领域领先的商业模式介绍给其他国家的相关企业，比如在虚拟社区领域，他们把腾讯的商业模式详尽地展示给Facebook这样的著名的国外SNS网站；在手机领域，他们将日韩运营商的新奇增值服务介绍给欧洲运营商。

本杰明认为，这种在一个国家成功后又拿到其他国家去复制的商业模式是创新的重要来源。完全照搬肯定行不通，但有些创新会在改变外部环境后变得比以前的使用更加成功。这有点像1000多年前中国发明了活字印刷术，但由于中国的方块字太多也太复杂，其加快印刷的效果有限，但把这项技术应用在西方的26个字母的印刷上，却可以得到更好的应用效果，因此跟活字印刷术十分类似的古登堡印刷术一下子成为西方文明爆炸式发展的重要助推力。

运动品牌卡帕（Kappa）一定程度上有点像带到欧洲的活字印刷术。在欧美成熟市场中，体育装备品牌要么蜕化成占据某个细分市场的单项冠军，要么就被收编进耐克和阿迪达斯两大阵营。卡帕这个意大利运动品牌实际上从20世纪90年代就在走下坡路。2005年，卡帕品牌的原拥有者由于财务危机希望抛售这一品牌资产，从李宁公司脱离的中国动向因此获得了一个将优质品牌资产和中国市场资源对接的良机。最终，动向以3500万美元获得了卡帕品牌在中国内地和中国澳门的永久使用权，并且将它运作成为一个年销售额超过30亿元人民币的国内一线运动品牌。国际品牌的实力加上本土化运营的模式，让卡帕拥有了超出同行一大截的毛利率。中国动向对国外品牌资产进行管理增值，基于对中国消费者理解的本土化改造是其中至关重要的一环。

由此可见，空间维度不再是障碍，全球化发展在当前的互联网时代已经不是难题，商业边界的无限延伸必然是基于对本土企业更深刻的理解，理解市场更多的是一种可以培养和习得的能力。

4. 产业的边界可以无限延伸

从产品的角度来说，任何一款产品都有它特定的边界，一个产品能向外拓展的距离，并不因为钱多、团队优秀就能无限突破。这个边界是由产品的定位、用户习惯等因素共同划定的，能准确发现并划出边界是一个企业负责人、产品经理的重要技能之一。

当产品发展到一定阶段，用户增长，日活数都达到了一定阈值上限，再继续增长十分缓慢和困难的时候，大多数决策人的第一想法是拓展产品的边界，因为这是最省力、最容易讲故事的方式。如果最终成功了，皆大欢喜，“能创新”“有远见”等各种能力标签都可以贴上；如果失败了，也没多大责任，因为本来就是拓疆开土，成功是小概率事件，别人也难去苛责什么。

产品疆域本来就很大，做成了的企业有不少，比如美团等，都在1的产品基础上一再突破产品边界，且收获都不错；当然失败的更多，比如人人网、支付宝，最后都不了了之。然而疆域本身不大，甚至专业领域的一些垂直类的小众产品因为KPI或者严峻的市场形势，迫使其进行产品功能拓展，强行拓展边界，最后成了鸡肋或者惨淡收场，这种情况几乎所有的产品开发都遇到过。要和宿命做深深的抗争，要画个饼，要跟投资人交代等，最后都只能通过强行拓展产品边界来实现，就陷入了仅为了拓展而拓展的恶性循环，直至被拖累至死掉。

几乎所有的企业在将主业做好之后，或者哪怕主业做得一塌糊涂的时候，都试图去拓展产品的边界。产品边界其实和团队能力边界、公司边界相互影响。边界的拓展应该是产品自然发展和业务延伸的结果，是自然而然发生的，而不是被某个贴了光环的人生生地创造出来的，无根之树注定很难枝叶茂盛。

就像东西卖好了之后自然会产生对物流的需求，这时候拓展一个物流仓储业务出来，就属于随业务发展而自然发生的。但因为东西卖好了，就去买下工厂，自己生产东西，试图控制上游产业链，这样的边界拓展就不够妥当了。

举个例子，当微信月活销售额已经过 10 亿元的时候，想继续提升这个数据，付出的成本将会很高，而收益会极低。于是微信一边不断升级和完善语音识别功能，一边探索它的其他边界。产品边界的拓展，是业务延伸的自然结果；同样，企业边界的延伸也是企业发展的自然结果。

那么再说到产业，产业的边界也可以无限延伸，就像前文说到的麦当劳卖图书，星巴克卖唱片一样，其边界的延伸也是自然发展的结果。因为有用户，为了满足用户的需求，就可以拓展出更多的产业模式。

麦当劳的创始人还曾经说："其实我不做汉堡包业务，我的真正生意是房地产。"这不是一句玩笑话，2016 年，麦当劳 10% 的利润来自直营餐厅的运营，40% 的来自品牌授权，而 50% 的利润来自地产出租。2016 年，麦当劳的加盟费收入仅有 31 亿美元，租金收入高达 61 亿美元，成了世界上最大的“包租婆”。麦当劳在全世界的房地产资产已经超过了天主教会，它成为世界上最大的房地产商之一，并且占据各个城市几乎所有最值钱的黄金地段。作为一家以擅长卖汉堡、薯条而闻名于世的快餐连锁店，麦当劳的业务有两项：直营和加盟。在全世界麦当劳 32000 家店中，直营店只占 30%，其余 70% 都是加盟店。对于后者，麦当劳收取加盟费和房租。没错，除了加盟费，加盟商还要向麦当劳交房租。为什么呢？因为对于大部分店面，麦当劳自己就是房东。麦当劳模式如今已经被很多企业效仿，不仅仅是因为它是迈向全球化的典范企业，还因为它是将边界无限延伸的典范。

5. 无边界产业全球化不可阻挡

我们已身在无边界社会，很多事物之间的边界也正在逐步地被打破。

无边界社会大致有四个特征，如下所示。

第一，个人财产权的私有属性越来越弱化，取而代之的是共有与共享。

第二，在无边界社会当中，所有要素的流动时间越来越快，成本越来越低。

第三，无边界社会中的组织都变得越来越柔软，越来越有弹性。

第四，无边界社会使我们的价值观两极化，一方面是达成共识的速度非常快；另一方面是极端和小众的认知、观念也迅速集合，并逐步形成社会中的独特力量。

在无边界社会中，最重要的是不断地提升自己的价值观、学习力与创造力，这样才有实现创新的能力和机会。无边界社会中，真正的创新点和爆发点往往在那些边界被打破的地方，如果企业能把过去封闭的组织、业务和思维打破，打破得越快，越有力，越有机会成为创新的引领者。

进入无边界社会后，无边界产业全球化不可阻挡，比如因为有了Airbnb，也就是爱彼迎全球民宿短租公寓预订平台，我们可以把任何一个别人家不用的卧室变成自己浪漫的地方，可以用别人闲置的用品满足自己的需要。我们之前买房子时最看重的就是独立的产权属性，现在发现，其实这个属性也没有那么重要。

当无边界社会中的组织变得越来越柔软，越来越有弹性，无边界产业的拓展就变得非常便捷和迅速。现在有很多众创空间，里面的人娱乐和工作没有边界，正经和不正经也没有边界。上班可以坐着、躺着，姿势自选，做的事情也可以不正经，奇奇怪怪的创新都有可能实现其商业价值。所有这些都使得组织变得越来越开放，越来越有弹性，越来越有温度，越来越多样，无边界成为企业共同的特点。

经济全球化是人类社会科技进步和生产力发展的必然结果。如今，以互联网为代表的数字经济使得人们生活在一个互为邻里的“地球村”中。面向未来，人工智能、大数据、量子通信、区块链等新一轮科技革命和产业变革正在积聚力量，它们本身所具有的开放、共享等特征，将进一步推动无边界产业的发展，推动经济全球化深入发展。这是历史规律，也是时代潮流，不可能以人的意志为转移。

在生产要素自由流动的全球市场中，无边界产业全球化不可阻挡。不同国家的企业都能充分发挥自身优势，开展良性竞争，在互通有无中积累财富，改善国民生活。中国的进博会就是典型的例子。以进博会为平台，来自孟加拉国贫困地区的手工黄麻工艺品摆进上海商场的橱窗，美国夏威夷的新鲜水果现身中国的茶饮店，意大利的“网红”小家电牵手中国电商……无边界产业的自由贸易创造了真正的双赢、多赢局面，经济全球化极大促进了财富增长和社会发展。

今天的中国正在搭建三座桥：通往世界之桥、通往繁荣之桥、通往未来之桥。随着无边界产业全球化发展，中国助力经济全球化的长河浩荡、奔腾不息。

6. 数字时代，“非数字化”不存在

数字中国势在必行。产业数字化是商业大势，最终到达智能商业时代。发展数字化商业或者说企业数字化是大势所趋。

科学技术是第一生产力，是驱动商业发展的核心引擎。当前移动互联网、云计算、大数据、人工智能、物联网、区块链、5G 这些新技术的发展风起云涌，可以称之为爆发式发展，深刻影响和改变了我们这个时代的商业模式。

随着新技术驱动，我们进入数字化商业时代，在数字经济背景之中所有企业都必须是数字企业，“非数字化”将不再存在。要么是数字化的原生企业，就是企业创立之初就采用数字化的方式进行运营和管理；要么是传统的企业通过采用数字化的思维进行重新设计，使自己企业进行数字化转型和升级。

在数字化商业背景之中，所有的企业都会成为数字企业，如果不变成数字企业，必将被这个时代淘汰。

通过大量数字化的实践发现，数字时代，企业的核心是“连接、协同、共享”，以及在此基础上很多企业在数字化过程中一直追求的客户导

向、员工能动、智能运营、数据驱动、实时企业和全球资源的采购共享。这些目标实际上在企业数字化的过程中都会通过数字化的转型逐步实现。而这些目标实现之后，所有企业都变成数字企业，会完全进入数字化时代。简单一句话解释，企业数字化实际上就是通过运用新一代的数字化和智能化技术使企业进行转型升级的过程。

曾经，很多企业对数字化抱观望的态度，不知道有没有用，甚至担心自己投入过多会没有对应的产出。通过大量的实践发现，数字化的企业相比非数字化的企业在盈利能力上相当于多了 26% 的竞争优势，这还是在增加收入层面。除此之外，在降低成本、提高效率、控制风险方面，数字化企业都要比非数字化企业更具有竞争优势。

所以，企业为了生存、为了更进一步地发展，在当前这样一个大的形势下必须进行数字化的思考。

企业数字化已经是许多企业达成的一个共识，企业数字化是目前能够让企业和用户建立流畅的连接，能够最大限度地激发用户心中的消费欲望的最佳模式。

企业在数字化过程中常采购一些系统，然后对管理、控制、生产采用数字化管理，这样就以为是数字化了，实际上企业数字化最核心的是改变运营模式和思维方式。

企业数字化改变中有几点经营上的改变一定要让自己的企业经营变得更快速，助力自己企业业务的创新。

要让企业管理变得更轻便，就是大家常说的消中层、扁平化管理。

在新时期，企业数字化、企业上云之后，企业所有的数据都可以变现，可以最大限度地获取自己的征信和信用，能够让自己的金融和核心业务无缝衔接起来，让自己的资金流能够自由地进出，让自己的融资贷款变得更加容易，并且企业数字化可以把重资产的IT变得更简单。

领导层思维方式的改变和经营理念的改变是最重要的。

每个企业可以结合自己的特点和发展阶段，结合自己当前碰到的最迫切的“痛点”和诉求制定自己独有的企业数字化的蓝图或者路径，提炼出一个企业数字化的评测指标体系，利用数字化技术实现产业边界的无限扩展。

7. 无边界企业形态才是未来商业主流形态

无边界企业是一种现代企业组织形式，是信息化时代的产物。

无边界企业最基本的特征就是面向未来、着眼外部。开放性是无边界企业的决定性特征，这一特征有助于推动构想中的业务平台扩展，以包含更广泛的生态系统。通过优化平台的经济性、开放的连接和无摩擦的互动，无边界企业就能够支持开创性平台战略实施与生态系统中的所有参与者。

无边界企业的开放性有助于快速获取产品和服务创新的新来源。它是采用科学的发现方法，不断开展试验，依赖于预测性和前瞻性分析，以可从自身及生态系统合作伙伴处获取的海量数据作为坚实基础。

智能化工作流程是激发无边界企业活力的“金线”。它建立了价值链的支柱，将生态系统的参与者紧密联系在一起。随着工作流程的范围不断扩大，量子计算、AI、物联网等技术的力量将无限放大，发挥巨大的效率和差异化优势，并使平台更具吸引力。虚拟化在网络、连接和技能互动等方面带来了新的机会，为工作流程注入活力，并显著提高敏捷性。

无边界企业加深了全球互联互通的程度，使企业经营的宗旨与更广泛的社会影响保持一致。随着最高管理层日益重视可持续发展以及利益相关方资本收益，新的生态系统业务模式可帮助提供解决方案，以应对当今时代挑战。客户、合作伙伴以及员工在与企业的互动过程中也越来越关注这一点。

边界企业充分利用人技接口加速重置的契机，包括面向客户的数字化渠道以及跨流程的无缝虚拟工作方式。但是也需要建立新型的领导、激励、互动和连接方式，以应对人类同理心、创造力和归属感等方面日益严峻的挑战。

无边界企业最大化使用混合云架构所承诺具有的灵活性和敏捷性，使企业能够开放地与业务合作伙伴合作，并充分发挥主要开放技术的潜力以推动创新。因此，无边界企业以强大的网络和安全的技术基础架构为基础，确保能够在总体架构中运行适当的负载工作，并且具备全球范围的即插即用兼容性。

无边界企业形态必将是未来商业的主流形态。在网络经济条件下，无边界企业的形成改变了传统竞争优势基础，产生了传统企业无法比拟的竞争优势。无边界企业是未来商业保持生命力的源泉，是未来商业的主流形态。